空海に学ぶマインドセット

平岡龍人 Tatsuto Hiraoka

幻冬舎MC

空海に学ぶマインドセット

序章　なぜ、空海(1)なのか

「なぜ、アメリカは世界の紛争にいつも絡むのか。なぜ、イスラムはテロを繰り返すのか。なぜ、社会主義の政権は独裁化するのか」、という疑問をお持ちの方は多いと思います。

実は、これらの背景に宗教（一神教）があるのです。

情報化、国際化が進展し、ＡＩ（人工知能）が進むこれからの社会は、宗教への理解が非常に重要となり、知らないではすまなくなります。

中東でのＩＳ（通称イスラム国）の弱体化が進んでも、宗教が絡まったテロや紛争は各地に拡散して起こり、難民問題も中東やアフリカだけではなく、今以上に各地で起こると予想されるのです。それは地球温暖化により、アフリカや、シリアなどの中東のみならず各地の砂漠化は、膨大な数の難民を、そして貧困化を生み出しているからです。

更にＡＩの進展は、人間の有り方そのものを問うものです。これらを克服するには、宗教への理解が何より重要であり、そして経済の有り方も問われることになるのです。

私が空海に注目しているのは、空海が密教を通して人間について深く洞察され、同時に宗教、信仰による人間の有り方を指し示されているからです。しかもそれは時代を超えて社会や経済の有り方についても示唆しているのです。

この著書では、空海の密教について述べることが大きなテーマになっていますが、密教が現代社会において、どのように役立つことができるのか、そして現在の経済事情や国際情勢に宗教がどのように対応すべきなのか述べていきたいと思います。

そのため、この著書は次のような構成になっています。

序章では空海を身近に感じることができる「四国八十八ヶ所霊場巡礼」や写仏や写経をご紹介します。

仏教では、昔から宗教的実践の一環として、「巡礼」や「写経」などが行われてきました。近年では写経は心身を癒すということで老若男女に非常に人気があります。特に近頃は脳トレ効果もあるということから、多くの方々が参加されています。

この写経は、古《いにしえ》から供養や修行の一環として、江戸時代では、寺子屋などで、一般の人たちの識字教材として、論語とともに用いられてきました。ところがごく最近、若い女性の間で、「写仏」が静かなブームとなっているのです。写仏の本が何冊も出版されていて大変売れているそうです。写仏は、下書きされた仏像を描くことだけなのですが、描いている女性たちに聞くと、描いていることで瞑想ができ、完成とともに心の癒しがあるというのです。写仏は写経とは、また違った体験と体感ができるのでしょう。それにしても、写仏が若い女性に人気があるというのは不思議な感じがします。

この本にも、密教の本場ともいうべきチベット仏教の本山の仏さまの写仏と自坊（光平寺）にある英語版の『般若心経』を載せましたので、体験して瞑想や心の癒しなどを体感してみてください。

この序章にひき続いて、提案の章では日本人の宗教心と信仰心の概要に触れ、同時にそれらを背景に日常生活や社会生活において求められる有り方を取り上げました。

第一章は、グローバル化する日本が、世界の中でどのような位置にあるかを知るために、日米戦争の背景、並びに世界の情勢を述べます。

第二章では、現在、世界の中心として存在するアメリカについて述べます。そのアメリカが世界の各宗教と、社会的、経済的にどのような関係にあるのかについて触れます。

第三章は、日本の宗教についてです。

ここでは、密教の前提となる仏教をとりあげます。6世紀に導入された仏教、その仏教の影響によって、日本人がどのような民族性を持つようになったのかについて触れていきます。世界の中でも特異な個性を持つ日本人が、どのようにしてそのようになったかについてと、日本人の独自性についても具体的に触れていきます。

第四章からは、この著書のメインテーマである空海と密教について述べます。

これらのことを参考に、密教を中心に、仏教の生き方を集約した「徳、健、財」、そしてリーダーの有り様として普遍性のある「安心、信頼、尊敬」をキーワードに、これからの社会にとって最も必要なものは何か、なぜ宗教が家族を守るのか、そして密教が、空海が、これからの社会になぜ必要なのかを探っていきます。

四国八十八ヶ所霊場巡礼のなかで見た「龍」

四国八十八ヶ所霊場巡りをしていますと、圧倒されます。それは空海に会いに行こうとしている人たちがどんどん増えているからです。土曜日や日曜日には、次から次へと、霊場にバスが止まり、巡礼姿のたくさんのお遍路さんがバスから降りてこられます。そして本堂では、どの宗派の人も無宗派の人も大声で『般若心経』を合唱し、大師堂の前では、「南無大師遍照金剛」（空海の密教の師、恵果和尚から賜った灌頂名）を、熱気を持って唱えています。

この熱気は何なのか、日本人の宗派にとらわれない信仰心とは何なのか。つい考えてしまいます。

キリスト教文化圏での教会では、静かに信者が祈っている姿が印象的です。祈りの宗教と言われる所以です。その静けさの中で、牧師や神父のお説法が聞こえてきます。そして讃美歌です。

四国の霊場巡りに雰囲気が似ているのは、ヴァチカン市国のサン・ピエトロ広場に法皇が出てこられた時です。大変な盛り上がりがあります。

大師信仰とは何か。なぜ宗派を超えて空海に会いに行こうとするのか。

私の友人で、四国八十八ヶ所霊場巡りを二十回以上している人がいます。

「どうしてそんなに行くのですか」と聞いたところ、
「心が落ち着くんです」と。
何か不安な現代の社会で、ほっとする達成感を求めているのでしょうか。

実は、巡礼中に私は「龍」を見たのです。まさかと思われるでしょうが、本当です。徳島県の第二十一番札所である太龍寺でのことです。この太龍寺は空海が求聞持法《ぐもんじほう》を修められた場所だと伝えられています。時間はまだ夕刻の五時前でした。御本堂のガラス戸が閉められており、思わず、まだ五時にもなっていないのにガラス戸を閉めるとはと思いながら同行者と一緒に『般若心経』を唱えはじめました。ふっと、ガラス戸を見ますと、太陽が右から左へ矢のように流れていき、その太陽がまるで、計ったかのように、龍の姿をした雲の龍の眼に、ぴたっと入ったのです。思わず、「龍だ」と。同行者もガラス戸をみて「おぉ、龍だ」と叫びました。皆、興奮していました。

もしもガラス戸が開いていたら、見ることはなかったのです。御大師さまが、龍をお見せになったのでしょうか。

もちろん、本物の龍ではありません。もっとも本物の龍など存在しません。しかしながら自分の心が、こんな龍を見せたのでしょうか。

信仰心は不思議です。何か自分が守られていることを感じさせます。

忙しい現代の人たち、特に戦後教育を受けた人たちは、宗教を古臭い非科学的で、非合理的なものとして無視しがちですが、合理主義では割り切れない何かが人間社会にはあります。その何かが人間社会を動かしているのかもしれません。

アメリカで、いや世界でイスラム教徒が増えているそうです。また、メッカへの巡礼（ハッジ）も年々増え、大変な混雑が続いていると、欧米のメディアは伝えています。

今、世界で一番、信者を増やしているのがイスラム教なのです。

なぜイスラム教に走るのか。

一体、イスラム教はどんな宗教なのか。

イスラム教の本体とも言うべき一神教とはどんな宗教なのか。

それどころか、キリスト教となぜ揉めるのか。

最近の日本人は、我欲に取り付かれた何か変な感じがします。物が豊かになり、あふれかえっています。ところが一方で餓鬼に取り付かれたかのように権利ばかり叫び、心の空洞化が進んでいるようにも見えます。いや日本人どころか、アメリカの人たちやイスラムの人たちも同様に見えます。銃を乱射したり、テロが頻発し、多くの人たちが、心の落ち着きを見失っているかのように思われるのです。

あのトランプ米大統領の発言はどんな意味があるのか。
テロは何を訴えているのか。
人間の欲とは何か。
知恵とは、知識とは、近代とは。
仏教は何を説いているのか。
キリスト教はどんな宗教か。
神の「沈黙」の意味は。
アメリカはどんな国か。
信仰はなぜ必要なのか。

身近な話題をもとに、本書をとおして、一緒に考えてみませんか。

独善的な一神教

近代の社会はキリスト教文化とともに発展してきたものです。そしてそのキリスト教文化に基づいたアメリカ文化が世界を席巻しています。
ところが、その文化が行き詰っているのです。

一神教は独善的です。

宗教は歴史的に見ると多神教が基本的形態でした。エジプトでも、メソポタミアでも、ギリシャでも、インドでも、中国でも、日本の神道もすべて多神教です。しかしながら、ユダヤ人はこれらの常識に反して一神教を開発したのです。一神教は、その独善性により、エジプトやギリシャ、メソポタミアやインドなどの多神教の世界の中で、強い民族に吸収されずに、少数のユダヤ民族を残したのです。その一神教のユダヤ教からカソリックのキリスト教が、イスラム教が、プロテスタントのキリスト教が生まれたのです。

このキリスト教文化は、自由の文化を育み、経済、科学の成功を生みました。一方で、その成功ゆえに、現在では極端な経済格差を生み、宗教上のトラブルも生み続けているのです。

マルクスはユダヤ人です。来たるべき理想社会を求めた社会主義の思想は一神教の教えを基に生まれたものです。当然、一神教の独善性をもっています。そのためにより自由な、より平和で豊かな社会を目指したにもかかわらず、その実現には独裁制が不可避になっているのです。まるで社会主義は、一種の独裁主義体制とも思えるぐらいです。

そこでこれからの社会を考えるにあたって、キリスト教ではなく縁起（衆縁和合。すべてはいろいろな条件により仮の姿として成り立ち、消滅する）を説く仏教、中でも「欲」を肯定的にとらえている密教の思想が重要だと私は考えています。それは現代の社会が余りにも「自我に基づいた欲が暴走」していると思えるからです

密教と言えば空海であり、空海の「四恩十善」の考え、後に触れますが、報恩感謝に基づいた「福の神コース」を歩むという考え方こそ、これから社会の重要なカギになると思われます。

日本に入ってきた宗教は日本教と化す

日本に入ってきた宗教は、すべて日本式（山本七平氏の言う日本教　註2）に洗脳されてしまいます。

例えばキリスト教は、ユダヤ教やイスラム教と同じ一神教で、『旧約聖書』を信仰していますから偶像崇拝を認めていません（カソリックについては後に取り上げますP.221）。ところが日本に伝わったキリスト教では、江戸時代にその信徒は、イエスの像が描かれた絵が踏めなかったのです。絵に神が宿っていると考えたからです。偶像崇拝を認めない一神教では、たとえイエスの像が描かれていても、それは単に絵に過ぎないものです。でも日本の信徒にはそれが踏めなかったのです。『儒教』でも、『儒教』は行動規範（礼）を重視した明確な宗教ですが、日本人はこの「礼」を重視せず、簡略化した日本式礼にして、「論語」に特化した道徳の教えにしてしまっています。

仏教においても、大陸から多くの優れた僧が来日して「戒」を教えてきましたが、それでも、戒よりも心の有り様を重視した日本式仏教になっています。

例えば、高野山大学学長や、高野山真言宗の管長をされた松長有慶猊下が指摘されていますが、ノーベル平和賞を受賞されたダライ・ラマ猊下は、「山川草木悉有皆仏性《さんせんそうもくしつうかいぶっしょう》（山川草木のすべてに仏性がある）」を、信じておられません。それは、チベット仏教がインドのナーランダの正当な仏教を継いでいるという自負心からです。この「悉有皆仏性」は東洋で、特に日本で深く研究されてきたものです。ナーランダはインド仏教の中心となったところです。

また、浄土系の宗派では『無量寿経《むりょうじゅきょう》』を信仰してきましたが、日本では、そこに書かれている

「五逆（戒）を犯した者」も浄土にいけるという解釈をしています。五逆とは父親殺し、母親殺し、仏教に通達した人殺し、悟りを開き仏となった人殺し、仏教の教団を分裂させた者です。ところが日本ではこの五逆の者でも救済されるとしています。それは『観無量寿経』に、先代の父王を殺した阿闍世は父親殺しとして悩み苦しみます（不殺生戒）が、仏教を信じることで救われる話があるからです。中国の曇鸞[3]は仏法を誹謗した者は救われないが、阿闍世の如く五逆を犯したものでも阿弥陀如来の本願を信じた者は浄土にいけるとしています。また法然が私淑していた中国浄土宗を完成させた善導[4]も五逆を犯した者でも仏教を信じる者は救われるとしています。出家後に妻帯した親鸞の浄土真宗では五逆や仏法を誹謗することは重罪だから警告のために書かれたもので、阿弥陀如来の本願を信じる者は救われるとしています。また五逆の中にある「仏教の僧団を分裂に追い込んだ者」が極楽往生できないのであれば、法然以下平安末期から生まれた鎌倉仏教の信徒たちはすべて極楽往生できないことになります。法然をはじめ鎌倉仏教の宗祖たちは、比叡山の天台宗で『法華経』を中心に仏法を学んだ後、下山して他宗派を興したからです。鎌倉仏教までは宗派と言うより「学派」という雰囲気があり、すべてを学んだのです。ところが鎌倉仏教は明らかに宗派性が強く、他の宗派を誹謗した活動をしています。日蓮は天台で学んだ法然が『法華経』を棄て、阿弥陀如来の本願を信じる宗派を作ったことを強く非難しています。それどころかすべての既成宗教を強く非難しているのですから、当然、五逆に入ることになります。

しかしながらこれらのことを一切不問に付し受け入れるのが最初に言った日本式仏教の所以です。言い換えれば大陸で生まれたこれらの宗教が島国の日本に入ると、心の有り方を重視した「和」を中心とした日本式仏教になり、日本式儒教になり、日本式キリスト教になってしまうのです。

遠藤周作の『沈黙』が映画化され、大きな話題になりました。

小説は、江戸時代、島原の乱の後の踏み絵の頃の長崎が描かれています。

先に来日していた司祭が、「この国は考えていたより恐ろしい沼地だった。どんな苗もその沼地に植えられれば、根が腐り始める。葉が黄ばみて枯れていく」と。

遠藤周作は「日本人には（一神教の）神が判らない」とまで言っています。仏は命令しませんから神の命令という概念が、日本人には馴染まないのだと私は思っています。

そのために日本流の仏教になり、キリスト教になり、儒教になっていき、本文で取り上げますが「あれはあれ、これはこれ」の考え方になっていったのかも知れません。

現在の日本では日本式宗教が生活の中で平和裏に共存しています。お正月には初詣で神社にお参りし、お盆には寺院で供養し、クリスマスを楽しみ、バレンタインを楽しんでも何の混乱も起こらないのです。それどころかキリスト教徒でないにもかかわらず教会で結婚式を挙げ、子供が生まれると神社にお参りをする。そして亡くなれば仏式で葬式をするのです。しかしながら、こんなことが何の混乱もなく行われているのは、世界広しといえども日本だけです。もう一度言いますが、こんなことが何の混乱もなく行われているのは、世界広しといえども日本だけです。「あれはあれ、これはこれ」なのです。

この「あれはあれ、これはこれ」という何でも受け入れるという文化は、これからの社会にとって非常に重要な有り方となります。しかしながら一方で、そのことを世界で定着させるのは、大変難しいことでもあるのです。教育が行き渡り、治安が良く、島国の日本のような社会では、互いを信じることは当たり前ですが、一旦、日本を出るとそうはいかなくなるからです。日本を除く世界の多くの国々は、「他人は信じない」が常識です。「だますぐらいなら、だまされる方がよい」という文化は、日本人にしか通用しないものです。

ある企業家が海外で、日本におけるように、自らが「より進んだ」と思っている「無信仰」を表に出して、その国で宗教にこだわらない企業として設立しようと試みましたが、できなかったのです。相手にされなかったのです。こんな例はいくらでもあります。無信仰ということは、その人の道徳観なり倫理観が相手に通じないことを意味し、信用されないのです。

日本では戦後、戦前の国家神道の反動や左翼系の教育労働者の影響から、宗教を持たないことが進んだことのように教育してきました。しかしこの考えは、社会主義の国々や戦後の日本にしか通じないものです。宗教を否定してきた旧社会主義国では、経済の自由化の進展とともにあらゆるモラルが崩壊しています。話題になった「パナマ文書」に記載されている個人や企業は圧倒的に(旧)社会主義国の関係者が多いのです。

戦後世代は教育の影響からも、宗教に無関心な人が増えています。しかしながら、これからの国際社会でもこんな考え方は通用しません。バングラディシュのダッカでの日本人を狙ったテロ事件はそのことを証明しています。

日本人の宗教観は他の多くの国々の人たちと比べて異質です。だからこそ、日本人には、宗教に対する理解が重要なのです。特に一神教であるキリスト教について知ることは非常に重要なことです。ところがこの一神教について、本当のことはほとんどの日本人は知りません。判ろうとしません。それは日本人の宗教観の延長線上でしか一神教をみていないからです。この一神教は明らかに日本人の宗教観とは異質のものです。

仏教は、人間のあらゆる苦悩は、すべて「欲」に原因があると見抜いた宗教です。ところがその仏教の最終的形態として「欲」を肯定的に捉える密教が生まれているのです。

ではその密教が「欲」をどうとらえているのか、なぜ「欲」を肯定的にとらえているのかを見定めて、欲が暴走している現代社会にその欲をどう活かせばよいのか。また日本に伝わった大乗仏教では、仏教が生まれたころには、中心思想ではなかった他人に親切にする有り方（利他行）を中心に説かれています。

これらのことを参考に、密教の考え方を中心にして、仏教の生き方を集約した「徳、健、財」、そしてリーダーの有り様として普遍性のある「安心、信頼、尊敬」をキーワードに、これからの社会にとって最も必要なものは何か、なぜ宗教が家族を護るのか、そして密教が、空海がこれからの社会になぜ必要なのかを探ります。

（1）空海（774年7月27日～835年4月22日）真言宗開祖。弘法大師は諡号《しごう》（死後、高徳の人におくる名前。おくりな）。（２）山本七平（１９２１年12月18日～１９９１年12月10日）山本書店店主、評論家、日本の宗教を日本教と命名。（３）曇鸞（生没年は不明）中国の浄土宗開祖。（４）善導（６１３年～６８１年）中国浄土教において「称名念仏」を中心とする浄土思想を確立した。

空海像「大阪府泉南市男里　高野山真言宗大御堂山光平寺所蔵　空海像」　江戸時代の作と伝えられる。奈良国立文化財研究所技術院の故中村盛二氏により平成10年に修復している。

金剛薩埵（こんごうさった）
金剛とはダイヤモンドの固さを象徴した「強い決意」を表す。薩埵はサットバ（sattva）を音写したもの。人を表す。菩薩は菩提薩埵の省略形。菩提とは悟りを表す。菩薩は悟りを求める人。金剛薩埵とは、衆生済度（慈悲により人々を悟りに導くこと）に金剛のような強い決意をもった菩薩。悟りとは平穏にしてすべてに対して、安心・信頼・尊敬される境地。
金剛薩埵像（Vajrasatva）オリッサ　９世紀　石像 SK.SARASWATI Tantrayana Art An Album With Introduction And Notes, p.86 158 THE ASIATIC SOSIETY, Calcutta, 1977

写仏と写経

写仏　日本の仏像はどこでもみられますので、チベット密教の合体尊と執金剛の写仏をしてみてください。半紙をこの写仏の絵の上に重ね、しっかり留めてください。最初は、鉛筆で、最後に筆で、なぞってください。少し複雑ですが、根気強くやってみてください。やりとげると心が落ち着きます。

写仏「合体尊」
秘密集会（グヒヤサマージャ）
北村太道チベットコレクションより

写仏「執金剛」
北村太道チベットコレクションより

写経　奈良在住の墨画アーティストである英国人のクリスティーン・フリント・サトさんの英語版『般若心経』の掛け軸からその写経を載せました。彼女が英訳した『般若心経』は最後の資料のところに載せています。参考にしてください。

目次

第五章 密教入門 145

第六章 戒を考える章と善巧方便 209

第七章 「欲」を肯定する眞言密教を考える章 235

提案の章

知価社会で求められる自利利他の生き方

作家の堺屋太一氏は1985年に『知価革命』を出版しています。情報化社会では、知識ではなく、知恵の時代だというのです。

現在の世界は、先進国の多くが膨大な債務を抱えています。しかも先進諸国は低成長、低金利が続き、世界経済が停滞する一方で、経済格差は極端に拡大しており、人々の心がすさみ、それを裏付けるかのように自殺の増大やテロが頻発しています。

こんな背景をもとに、英国のEU離脱やトランプ米大統領の「アメリカ　ファースト」の発言が出てくるのです。また企業の巨大化に伴いその活動を数字でしか実感できない企業がアメリカや欧州、いや日本でも、それどころかアジア諸国でも増えています。その結果、社風や人間関係を無視した企業買売が頻繁に行われる社会になっています。これらの現象から水野和夫氏は資本主義が終焉を迎えているのではないかとまで述べています（『資本主義の終焉と歴史の危機』集英社新書）。

そして何より経済、交通、情報の発達によって現在の世界は、あたかも「地球島」であるかのようなゼロサム社会になってきていることです。

富の偏在を生む自由経済の活動には宗教精神は不可欠です。

近代社会の発展に大きな役割を担ったキリスト教では、社会的勝者の義務としての社会貢献、奉仕を求めます。このキリスト教精神に根差し、欧米で生まれた社会活動である青年会議所運動やユースホステル運動、ロータリークラブやライオンズクラブ、キワニスクラブ、ボーイスカウトに、ガールスカウトなどの活動にある共通点は、社会貢献と奉仕です。そしてどの社会にとっても最も重要なのはリーダーの育成です。

1．信仰とは何か

キリスト教では「信じる者は救われる」と言います。『華厳経』では「信はこれ道のもと（悟りの根本）、功徳の母である」と言い、これらは信じること、帰依する（信仰する）ことの重要性を説いているものです。出家者を対象にした密教経典の『大日経』には、「最も重要なのは菩提心である。その根本は大悲である。だから衆生を救済しようとする方便波羅蜜行が究極となる」と、より深い信仰に基づいた具体的な救済行動を重視しています。

これらに共通しているのは神の愛、仏の慈悲に基づいた大悲の考えです。

密教の説く「唯識」では、第八識のアラヤ識の奥に第九識「アンマラ識」を見出しています。本文のアンマラ識の説明のところP.１８８で「量子力学」の話をしますが、この「量子力学」の説によりますと、すべての情報は、「量子のゆらぎ」という不可解な現象を通じて光より早く情報が伝わるというのです。そうであれば、当然、時空を超えて過去、現在、未来にも繋がっている可能性があることになります。これを宗教的に考えれば、空海とも、釈尊とも、イエスとも、マホメットともわれわれ衆生は繋がっていると言えるのかもしれません。

真言宗では「同行二人」と言います。お大師様はいつも同行していただいているという信仰ですが、信じている人には同行していただいていることになります。密教の考えから言えば、それがわれわれ衆生に判らないから秘密なのです。私の師が、「私にはお大師様がついている。私には実感できる。お前たちは判らないか」とよく言っておられましたが、「量子力学」的にみれば、私の師にはお大師様がついておられたことになります。

信仰とは信じることです。
信じる者にはすべてが存在し、真実となるのです。
仏さまがおられると心底から信じる人には、仏さまはおられるのです。
神さまがおられると心底から信じる人には、神さまはおられるのです。
信じない者には神も仏も存在しないのです。
問題は、私の師のように「本気で、心底から信じている」かどうかです。
これは本の世界でも、知識の世界でもありません。
「本気で、心底から信じている」かどうかが問われているものです。
そして感謝です。これについては最後に述べます。

この信仰心は、キリスト教をはじめとした一神教でも、仏教でも、神道でも、儒教でも全く同じスタンスのものです。そして何よりこの信仰心を示すことによって、海外においても周りの人たちに自分の道徳観、倫理観を知らせることになるのです。グローバル化し、人々の往来の激しいこれからの社会は、公序良俗に反しない宗教であれば、互いの信仰心を尊重し、そしてその信仰心が、自分を、いや家族を、仲間を守る最高の盾となることを心得たいものです。

2. あれはあれ、これはこれの宗教

あれはあれ、これはこれ

一神教は他の宗教を認めないのですから排他主義の傾向が強く、独善的といえます。この精神は自由経済が、排他的傾向が強いことに現われていますし、最初に触れましたように社会主義の国は独裁国家的です。1パーセントの勝者のための経済は、まさに一神教の思想を反映したものです。

宗教は心を豊かにします。常に未来に希望を持たせます。しかし一方で、宗教をよく知っていないととんでもないことにもなるのです。

そこで、日本文化を際立たせている「あれはあれ、これはこれ（融通無碍《ゆうずうむげ》）」の文化は、行動様式（戒《かい》―決まりのこと）より、「心の有り様」を重視した有り方です。これこそ宗教間に紛争の多い現在の世界に希望を持たせるものです。

この「あれはあれ、これはこれ」の文化こそは、「日本教」の核心に当たるものです。

日本教とは山本七平氏が名付けた日本人全体の行動様式です。日本人は、神道の信者も、仏教の信者も、キリスト教徒も、社会主義者も、それどころか無信仰者も同じ行動様式をとるからです。

そしてその背景に「人間を信じる」という共通の思想があります。酷いことをすると「あいつは人間ではない」とか、「人間のすることではない」などというのです。ところが日本以外では、初めから「他人は信じない」が共通の考えです。「あいつは人間ではない」とか、「人間のすることでは

ない」などはいくらでも起こるのです。

この日本教こそは、これからの「地球島」におけるゼロサム社会での宗教上の究極の姿だと私は思っています。そのためには日本で実現している宗教の並存、即ち互いに干渉しないこと、そして宗教を「心の問題」と捉えるスタンスこそがこれからの社会では何より必要です。

キリスト教は、独善的ですが、一方で、「信仰を心の有り方」と捉える宗教ですから、この「あれはあれ、これはこれ」を成り立たせることができる可能性がある宗教です。この「あれはあれ、これはこれ」の宗教スタイルこそは、個人主義、民主主義の文化を維持、発展させるものです。


問題はイスラム社会です。

ところがイスラム教もインドネシアをみていると必ずしも悲観的ではありません。インドネシアの宗教に対する寛容主義は、イスラムの社会でも心の有り方を問う「あれはあれ、これはこれ」を成り立たせると思えるからです。もっともトルコをみていると政教分離は簡単でないことも事実です。しかしながら、中東やアフリカのイスラム社会とインドネシアのイスラム社会の一番の違いは、インドネシアでは、政治が安定し、平和が続いていることです。社会の平和が確保され、その平和を続けさえすれば、余裕をもって心の有り方を問う「あれはあれ、これはこれ」の文化を、イスラムの社会でも成り立たせることが可能だと考えます。そのことをインドネシアが示しているのです。しかもイスラム社会は、利他行という宗教心がしっかりと信者に入っていますから、政治が安定し、平和が続けば、安心してつきあいができる社会です。

そして一番重要なことは、一日五回の礼拝「サラート」だけではなく、『コーラン』及び、マホメットの言行録である『ハディース』の精神に戻ってはどうかということです。我々日本人も過食の時代ですから、一年に一日ぐらい日中は断食するラマダーンに参加してはどうかと思うほどです。私の学園にはインドネシアからの留学生が来ていますが礼儀正しくしっかり勉強します。彼らを見ていると期待が持てます。

島国が生んだこの「あれはあれ、これはこれ」の文化は、地球が地球島型社会になってきている今、必要となっているのです。

すべてを受け容れるという日本人のこの宗教観は世界中から注目を浴びています。これは全人類をうならせるニッポン人の宗教観なのです[1]。

欧州での中世のキリスト教社会の混乱から生まれた「信仰の自由」を、公序良俗に反しない限り、どの社会でも、認める社会にしたいものです。このことを実現させるには、各国での政教分離の徹底です。そのためには心の有り様を問う「あれはあれ、これはこれ」の文化こそ、ゼロサム社会、閉鎖型地球社会での宗教の有り方だと思えるのです。

微笑こそ最高の手段

密教にとって重要な経典である『理趣経』には、衆生済度《しゅじょうさいど》に対して金剛の如く堅い決意で取り組むことを求めていますが、その最有力武器は微笑であるとしています。

このことは繰り返し述べられています。説得に難化な者、即ち説得が困難な人物に対して微笑をもって説得することが説かれています。そして衆生済度のための忿怒、その怒りは曲がれる者を説得するための仏の姿ですが、その怒りを微笑にして表し説得することが述べられています。

微笑こそ難化者を説得する最大の武器であることは、閉鎖型社会になってきた現在の世界ではさらに威力を発揮しそうです。

修行者は、常に衆生との接点（現場）を重視し、その上で衆生済度に金剛のごとき決意を持ち、実行する主体でなければならない者です。悟るだけでは駄目だ。声聞や縁覚に留まって満足してはいけないというのです。常に微笑を持って困難にぶつかっていけという姿勢こそこれからの社会に希望を生む姿勢です。もっとも私はできていません。怒ってばかりしているからです。心得たいものです。

四天王寺で管長をされた故瀧藤尊教大僧正は「私は厳つい顔をしているので、相手が警戒する。そこでいつもにこにこする修行をしている」と仰っていましたが、いつもにこにこしておられ、まさに仏教の極みを体得されていたのです。

（1）平成28年5月26日発売『JAPAN CLASS』p.33

3. これからの経済活動に求められるもの

菩薩道と四つのテスト

釈尊は、商人などの在家者に正しい行い、倫理的な活動による財の蓄積を奨励され、一方で、法と非法とを混用して富を求め、盗みや詐欺を働くもの、虚言を云い、財を蓄積し、歓楽を享受する者は地獄に落ちると述べられました。その精神を受けて、初代伊藤忠兵衛の「商業道の尊さは、売り買いいずれをも益し、世の不足をうずめ、菩薩（御仏）の心にかなうもの」と述べられています。この釈尊の御心こそ、これからも通用する「法」だといえます。そしてこの考えこそは、大乗仏教で発展した自利利他（菩薩道）の精神でもあるのです。

キリスト教の文化でもこの自利利他（菩薩道）の精神は受け入れられるはずです。それは社会活動の一つであるロータリークラブに「四つのテスト」というロータリー精神を集約した言葉があるためです。そこには、「真実かどうか。みんなに公平か。好意と友情を深めるか。みんなのためになるかどうか」とあります。これはまさに自利利他（菩薩道）の精神そのものを表したものだからです。

この自利利他（菩薩道）の精神に結びついた企業活動は、欧米でも行われています。M&A、いわゆる企業の合併や買収による資金の回転が、アメリカでは善循環しており、ベンチャー企業が次々に生まれているという現象です。このことは平成27年6月7日の日経新聞の朝刊に、「巨大ベンチャー、アメリカに続々、資金調達の間口広がる」と裏付けています。

日本ではベンチャーが企業を起こすときには、どうしても国や地方の自治体の補助金に依存しがちですが、アメリカに起こっているこの民間資金の善循環こそ、どの社会でもこれからの経済開発のモデルの一つとなるものです。

そこで日本で、新規企業を起こす計画を持ち、その資金を求めている者を登録する組織を立ち上げてはどうか。そのためには証券取引所や商工会議所、青年会議所、経済同友会などの経済団体は、積極的に新規に企業設立を求めている者を見つけ、ファンドなどに投資のチャンスを与える体制をつくるべきです。この動きは大学からのベンチャー企業を支援する形で始まっていますが更なる拡大が必要です。これこそ民間を中心とした善循環を生み出す仕掛けです。また、地域に密着する信用金庫などは積極的にファンドを作っていくべきです。

金融工学者の挑戦（ソーシャル・インパクト）

ＮＨＫのＢＳ１スペシャル『マネーの狂わせた世界で——金融工学者の苦悩と挑戦——』の番組[1]で、アメリカの金融工学者たちの新しい取り組みを紹介しています。

それは次のようなものです。

リーマンショックが起きた責任を感じ、その反省から金融工学を駆使し、巨大化した金融ファンドの中に、新しい動きが出ています。それは次なる投資目標としてソーシャル・インパクトに焦点が当てられ、具体的には荒廃した都市の再生や、ギリシャなどの経済危機の国々に再生の投資が向けられようとしていることです。マネーの運用システムを考える金融工学者であり、フェルマー・

キャピタル社のCEOでもあるジョン・ソー氏は、高度の数学理論を駆使して金融商品を開発しています。その彼は今、アメリカでの金融工学者に新しい動きが出ていることを紹介しています。

それがこれまでの発想と異なるソーシャル・インパクトという社会貢献投資です。

市場にはマネーがあふれています。2008年のリーマンショックで縮小したマネーが、各国の金融緩和政策とともに膨れ上がり、2016年になり今や100兆ドル、日本円で1京1000兆円までになっているのです。ところがこのマネーが、お金を本当に必要としているホームレスの人たちや経済破綻している都市や国には届いていないのが現状です。金融工学はもともと人々の役に立つことを目指していたものです。そこで彼らは新しいシステムを開発しようとしてソーシャル・インパクトに目を向け始めているのです。

ジョン・ソー氏は、「マネーは、本当は余っているのです。そこで責任あるやりかたで社会に有益な行き場を見つけられるかどうかは、我々金融工学者にかかっているのです」と述べています。この新しい視点は、これまで利益を生まないと考えられていた貧困地域を立て直すことで、経済を成長させようとするものです。

ソー氏は「これからはウォール街がベンチャーキャピタルとしての役割を果たすようになり、そして金融界がソーシャル・インパクトを生むために動き出す」とまで言っています。まさに新しい政治経済の有り方です。

税金を使う政治家ではこんな投資はできません。それは選挙があるからです。将来はともかく、すぐには投票に結びつかないからです。選挙のない民間人だから可能な挑戦です。国家や地方が膨大な債務をかかえている多くの国々や地方都市にとってこれこそ必要な資金の善循環を起こさせるシステムと考えられます。

耐震木材、耐火木材、セルローズ・ナノ・ファイバー（CNF）

日本がこれから取り組む産業の有り方について述べてみます。それは安易に生産拠点を移転して人件費の安い国での生産に頼るという有り方ではなく、新素材の開発やAIを通じて自国の産業の付加価値を上げる取り組みに全力を上げるべきだと考えるからです。オイルショックを受け、燃費が良い、故障しない車の開発に成功し、世界で高評価を受けているモデルです。値段競争に入り、遅れをとった繊維業界と異なり、新素材の開発に成功している繊維業界の方がモデルです。

トランプ米大統領の「アメリカ・ファースト」に対しては、日本は国内生産を重視して徹底してAIや新素材を活かした、高付加価値化した商品を作り出していくべきです。日本人のセンスに満ちた、精緻で有用な製品を海外の人たちは求めているのです。このことは留学生を見ていて実感できますし、BSチャンネルで取り上げている「クール・ジャパン」の番組がそのことを証明しています。

例えば日本に豊富にあり、あまり上手く使われていない木材で考えてみます。日本では阪神淡路大震災以降もたびたび大災害にぶつかっています。それが東日本大震災であり、各地の火山噴火に、熊本の大震災に、台風による風水害に、雪害などなどです。多くの人々や企業が大きな被害を受けています。日本の国土は八割が山岳地帯で、森林です。その多くの木材が利用されていません。コンクリートでの建設が進んでいることと、木造建築でもその材料は価格の安い輸入材に頼っているからです。

そこで国全体の活性化のためにも、地方再生のためにも、災害地の復興のためにも、特に地方の活性化のために国産木材に付加価値をつけた建材を利用した復興を進めてはどうかという提案です。この木材技術は必ず世界化していくと思われます。

建築家の上田篤氏と共に大阪南港の木材展示センターに行きましたが、そこには新しい建設資材としての耐火性の強い木材、欧州で開発されたCLT（クロス・ラミネーティド・ティンバー）という耐震性の強い強化木材などが展示されており、木材建築の新しい可能性が見出せます。更に新しい素材として鉄の強度五倍、軽さ五分の一というセルローズ・ナノ・ファイバー（CNF）の開発も進んでおり木材利用の可能性が大きくなっています。すでに次回の東京オリンピックメインスタジアムでのCLTの採用が決まっています。またクール・ジャパンの評価が上がっており、その結果として海外から日本への観光客が年々増え、経済活動に大きな影響力を生み始めています。そこでこの海外からの観光客を更に誘導するためにも本物の観光資源が求められています。

戦後多くの城や寺院などコンクリート製の建物が造られてきましたが、ぜひ観光資源の再開発として城や寺院や神社を本来の木製の建築物に建て替える取り組みをしてはどうか。震災に遭った熊本城は勿論のこと、大阪城や名古屋城、そして木造建築世界一の塔として通天閣の建て替えなどの取り組みです。名古屋城の建て替えは決定したようです。また戦後作られた多くのニュータウンや学校、高速道路などの公共財が四十年以上経ち、作り替え、建て替えの時期にきています。このチャンスを活かし、耐火性の強い木材、耐震性の強いＣＬＴやＣＮＦを使った再開発を進めてはどうかという提案です。

問題は資金です。

そこでその資金をほぼ破綻している国や地方の自治体に求めるのではなく、具体的資金計画、将来の採算予測などを出し、国内外の金融工学者たちのファンドの資金を導入してはどうか、民間資金による開発に取り組んではどうかという提案です。

日本では、国民や地域住民が、国家や地方自治体から少しでも自立していくために必要な考え方です。小さな行政府を求めながら、実際はいつも国や地方自治体に頼っている現状を変えるには不可欠なものです。

日経新聞（平成29年6月6日）に「一兆円超え続々」と世界の企業買収ファンドが相次いで過去最大規模の資金を調達していることを取り上げています。そんな中に米コールバーグ・クラビス・ロバーツ（ＫＫＲ）や英ＣＶＣキャピタルパートナーズなどがあり、なかでもＫＫＲは日本を世界の中の重要市場と位置づけていると出ています。この企業買収ファンドなどからの資金導入を真剣に考えるべきです。

その場合、このソーシャル・インパクトという投資手段こそ、日本が必要としている資金運用システムといえます。日本の銀行では決してこんな投資はしません。雨が降っている企業には傘を貸さないからです。各国政府も経済が窮地に陥っている国々に資金の投入を躊躇しています。

しかしながら、先に触れましたように大学発のベンチャー企業が、日本ではブームになっており、ベンチャーキャピタルの支援により、その起業家の育成の芽はすでに出ています。そこでそんなベンチャー企業に、しっかりした計画を立てさせ、地方を活性化させる提案を出させる。成功させるには大学関係者の協力をはじめ、経済界の協力、自治体の協力が重要です。このしっかりした計画に基づいた起業活動は、将来、より大きなマーケットを生み出す自利利他の活動を生む母体となるものです。そしてこれらの支援こそ、密教経典の説く大楽、大貪、大持金剛などに表される如来のすべてを救うという誓いを象徴しています。

これからの経済活動、いや社会活動も、教育活動も、宗教活動も、地球全体を捉えた視点が問われます。日本のような島国では、どうしてもその視点が、国内市場に集まりがちになりますが、国内の公共投資においても同じ視点が必要です。常に地球全体でどんな影響が与えられるかです。そのためには常に新しい情報をキャッチするセンスが重要です。新幹線網の充実やリニア新幹線だけでなく、水道や下水道のハードやソフト、また義務教育のシステム、役所の運営システムなどを国内のみならず、いかに国際化していくか、世界経済にどう結びつけていくかという視点が常に重要です。

私が、今、注目しているのは、新パナマ運河が水深18・3メートル、幅55メートルになったことです。さらにニカラグア運河（喫水23メートル、幅72メートル）も近く開通が予定されていることです。これらは世界の流通を根本から変えるものになります。この事実を日本ではどう吸収するのか。新しい公共投資を必要とする事実です。関西国際空港（ＫＩＸ）は海上にあり、水深25メートルのところにあります。ドバイが港湾と空港で成功したように、関西国際空港（ＫＩＸ）は新しい流通のハブ拠点に成りうる可能性をもっています。これを契機にして大阪の泉州を日本最大の流通の拠点に、和歌山を長期滞在型の国際リゾートに、大阪を日本のドバイ、金融の拠点として育て、大阪から、近畿から、日本経済、世界経済に貢献すべきです。

ゼロサム社会では、より大きな視点で、より厳しい条件のなかで、新しい経済活動が求められていることを自覚したいものです。そのためにも、新しい技術、新しい情報、新しい発想と果敢な行動が必要となっているのです。

そのためにも受験教育しかない日本の教育のあり方ではなく、技術者の養成に官民挙げて取り組むべきだと思います。実際、優れた人材開発の競争が世界規模で起こっていることをわれわれは自覚したいものです。

（1）２０１６年3月5日　ＢＳ１スペシャル「マネーの狂わせた世界で　金融工学の苦悩と挑戦」

4. これからの社会が求めるリーダーの有り様

本稿の主題である「空海の時代」の意味は、過去に作られた解答ではなく、自分の経験に基づいた判断力、知恵が、これからの前例のない時代では重要となることを意味したもので、この考えを「マインドセット」と強調したのです。

空海がエリートの道を飛び出し、密教に出くわしたごとく、常識を超えることをこれからの時代は求めているのです。これこそこれからのリーダーの有り方ですし、まさに堺屋太一氏のいう知価社会で求められる人材なのです。

日本の教育は受験勉強を重視しますが、これは答えのある問題、即ち過去に作られた解答ある問題を、正確に再現する能力を求めたものです。この教育は集中力、記憶力、持続力という基礎能力の高い人材を見つけるのに効果のある勉強法です。学問の世界に進む人材や、特に前例を重視する役人や安定した大企業の人材には向いた教育方法です。しかしながら、マイケル・デルやスティーブ・ジョブズやビル・ゲイツが、なぜ大学を中退したのかを考えれば、これからの社会は前例や過去に作られた解答が通用しない時代に入ったことを意味しており、自分の感性に基づいた判断力が何より重要になっていることを示しています。

空海が都の役人を育てる大学を出奔し、山谷を駆け巡り、感性を磨き、密教の重要性をキャッチしたごとく、これからの教育は、過去の解答に基づいた基礎力ともいうべき暗記力とともに、いかに感性を重視した判断力を育てる教育をするか。特に東大や京大に進む学生は、今以上に現場を経験し、感性を磨き、日本の社会以外の世界で通用する人材になれるかが問われています。また、地方の国公立の大学は徹底して地方の人材開発に取り組むべきです。それは、ほぼ各地の国公立大学の学部は同じだからです。例えば和歌山大学であれば、密教の拠点高野山を抱えているわけですから密教学部があって然るべきですし、何より漁業、林業、農業の学部が当然あるべきです。そうなれば将来の人材確保という観点からも留学生を集める意味が出てきます。その地域に合った学部、しかも外国人も学びたくなる内容の学部が、実は地方を活性化させるのです。医学部についても当然、地域医療に携わる人材を育てるべきで、地方に残らない医学者からは必要な経費をしっかり取るべきです。

ところで、各国の最重点教育はリーダーの育成にあります。そこでこれからのリーダー像を見ていきます。

密教経典のリーダー像は次のようなものです。

仏さまのような智慧と慈悲をもち、業界の実情をよく知り、大衆の心をしっかり摑み、社員から尊敬を受け、性格は柔軟で、我執を離れ、能く考え、勇気があり、正しい判断力、実行力のある人です。言い換えれば、社会のすべての人たちから、安心される、信頼される、尊敬される人物像こそリーダー像です。このリーダー像には、時代、地域を超えた普遍性があります。

先に触れましたように仏教は人間のあらゆる苦悩はすべて「欲」に原因があると見抜いた宗教です。ところがその仏教の最終的形態として「欲」を肯定的に捉える密教が生まれたのです。その密教の中心となる曼荼羅は、球面のごとくすべてが中心で主役なのです。しかも大乗仏教は慈悲に基づいた自利利他の菩薩道を説いています。

本文で触れますが、英国で開かれたラグビーワールドカップ大会で、ロンドンの私立学校の校長が言った勇気、諦めない心、チームワーク、練習をしっかりやることは、キリスト教徒のみならず、どのような宗教を信じている人にも通じる生き様です。『旧約聖書』の説く一神教では戦い勝ち抜くことを求めています。それはモーゼがエジプトからユダヤ人（ヘブライ人）を連れ出し、あらゆる妨害に打ち勝ち、更にそのモーゼの死後も、ヨシュアによって多くの苦難を克服し、パレスチナに到達したように勝ち抜くことを求めます。勝たないとだめなのです。引き分けではまだ脅威は残るからです。これは経済活動を見ていても実感できるところです。こつこつ企業を成功させ、子孫に続けさせていく日本型の企業ではなく、ある程度成功すれば、企業買収につぐ企業買収で、ライバルを蹴散らし、拡大していく現在のアメリカ型経済の原型が、ここにはみられます。

この「戦い勝ち抜く」という思想は、仏教では、阿修羅にたとえています。戦いばかりしている人間の心を、欲におぼれた阿修羅の世界ととっており、人間の悪い一面として、畜生、餓鬼、地獄と同じ取り扱われ方をしています。

それでは仏教の説くモデルとは、具体的にどんな人物像が、これからのリーダーになっていくのか。そのキーワードが、経典に説く安心、信頼、尊敬される人物像です。これは普遍的なリーダー像です。では、問題はどうすればこの安心、信頼、尊敬される人物になれるかです。

それは釈尊の説く徳、健、財を身につけることです。

それでは、具体的には、どうすれば徳、健、財が身につくのか。それには、本文の中で触れますが、自利利他の精神である福の神コースの努力が必要なのです。

まず、リーダーは健康でないと信頼されませんし、安心されません。当然、尊敬されません。なぜ家康が天下を取ったのか、秀吉がなぜ家康に敗れたのかは健康にあります。家康の方が長寿だったからです。

次に経済的に安定していることです。

現在の社会がどうして不安が続くかと言えば、それは経済の安定が得られていないからです。そのために経済界の動きも、政界の動きも安心も信頼もできないのです。その経済の有り方は、釈尊が、「自利利他による正当な法によって財産を増大集積させ、得た利益を①次の事業、②父や母、妻子や使用人を養う、③将来のための貯蓄、④出家修行者に布施するためにと四つに分割して用いることと、搾取的蓄財を強く非難され、法と非法とを混用して富を求め、盗みや詐欺を働く者、虚言を云い、財を蓄積し歓楽を享受する者は地獄に落ちる」と述べられたように、1％のための「搾取マシーン」の経済では、だめだということです。徳と健康を実現させる財の有り方です。

では健康で、経済的に安定していればそれでよいかと言えば、そうではありません。欧米の経済人のトップの多くは経済的に、健康にも恵まれていますが、それだけであれば相手にされません。パナマ文書の公開の衝撃度はそのことを証明しています。特にパナマ文書の公開された情報では、旧社会主義国の人たちが圧倒的多数を占めていることです。これは経済的にも、健康にも恵まれている人たちが、社会に貢献することを実行しなければ、単に、我欲の人間としかみられず、当然、相手にも、尊敬もされないからです。健康で、経済的にも恵まれている人は、社会貢献こそ最優先しなければならない課題です。特に陰徳ともいうべき「徳を積む」ことが最優先課題なのです。自分ファーストだけではだめなのです。

社会のすべての人たちから「安心、信頼、尊敬」されるには「徳・健・財」を身につけること。

これが現在の社会に求められている仏教の説く究極のスタイルです。なぜなら、この「社会のすべての人たちから安心され、信頼され、尊敬される人間になる」ということは、まさに「ブッダ」を目指せ、即ち「人々を平和に、豊かな社会に導くことのできる人（リーダー）になれ」ということだからです。そのために私たちは、「徳（利他）、健（自利）、財（自利）を身につけ、自利利他（菩薩道）の精神で核心をつかむまで徹底して努力する」のです。

この「徳、健、財を身につけ、自利利他（菩薩道）の精神で核心をつかむまで徹底して努力せよ」という考えは、まさに商人や在野にいる私たちが実行すべきスタンスです。いや、いまや世界で求められているスタンスです。

人間が生きていくには、四つの智、愚、善、悪の方法があります。

空海は『秘鍵』で、菩薩を四つに分けています。愚、識、金、智ですが、ここでは空海の言う智薩埵が進む道を「智者の道」と呼びます。

この智者の進むコースとは、自分のためにもなり（自利）、同時に他人のためにもなる（利他）、そして他人のためになり、同時に自分のためになること（自利利他）を一心不乱に実行するコースです。別名、福の神コースと言います。

二番目に愚者の道コースです。

これは絶対禁止のコースです。一人合点して自分のためにも他人のためにもならないことに汗水垂らし血眼になって取り組んでいる者です。進んではいけないコースです。

三番目に他人のためになる、社会のためになるコースです。これは言って気持ちが良くて、他人から賞賛されますが、長続きのしないコースで、研究のコースです。

四番目は、悪人のコースです。これは説明するまでもないコースです。社会でも禁止しているものです。

では、第一番目の智者のコース、即ち福の神のコースを進むにはどんな取り組みがいるのか。

それには六つの取り組みを必要とします。

まず第一に、「正しい判断力と鋭い実行力」です。

この情報社会では判断力が最も重要となります。そして何より実行力です。密教の核心は実行力です。方便波羅蜜多です。社会の多くの成功者はこの「正しい判断力と鋭い断行力」を実践している人たちです。

第二に、両親を大事にし、先祖を、そして先生や年長者を敬い、先祖伝来の宗教を信仰して「敬神崇祖の念」を養うこと。

グローバルな社会では、親孝行、そして信仰心が、相手を安心させる重要なシグナルになります。信仰心がないということは、どんな道徳観をもっているかを、相手に示しえないシグナルなのです。実際、外国で、日本人の企業家が、宗教を信じないと言って、企業間契約が進まず破棄された例はいくらでもあります。

戦後の日本の教育では、宗教について教えず、社会主義者の主張する宗教色のないことを進んだ社会のように捉えてきましたが、異民族が混在し、異文化が共存している社会では、「信仰心がない」というシグナルは、相手をもっとも警戒させる情報なのです。少なくとも「信仰心がない」と言って、なんのトラブルもない日本はまったく特殊な社会なのです。いくら賢いといっても犬やサル、そしてチンパンジーに、ゴリラやオランウータンといった類人猿に宗教があるとは思えません。まったく確認できない神や、来世を想像できる生物は人間以外にはないのです。

いいかえれば人間がつくりだした最高のものはまさに宗教であり、信仰心なのです。そんな観点からもこの第二は、宗教の重要性をしっかり認識することです。特に日本人にとっては、日本教は、日本の伝統文化の核心に位置づけられる、他人を安心させる重要な行動規範だと知っておいてください。

第三に、「暴飲暴食を避け、鍛錬し、健康を確保」せよというものです。

健康は一番基本となるものです。若い時はそうでもありませんが、齢を重ねるにしたがって、健康とは、いかに自己の管理ができるかどうかの証しとも言えます。

第四に「予算生活」をせよ。

財の核心は、予算生活に尽きます。

日本の国家予算をみていますと人間の欲望の限りない姿をみせつけられます。選挙民からの多くの要望に応えるために、いまや国家の国債発行高は1000兆円を超えています。赤ん坊を含めた一人あたりの借金は800万円を超えているのです。いかに予算生活が重要かを示しています。

第五に、明確にして具体的な「目標」を決め、実現するまで徹底して「努力」せよ。

これは社会での成功者が歩んでこられた道です。かつて松下幸之助氏の講演を聞いたことがありますが、松下氏は「自分は失敗したことがない」とおっしゃっていましたが、これは文字どおり、「失敗したことがない」のではなく、「失敗した段階ではおわらず、成功するまで続けた」ということなのです。一所懸命という言葉があります。これは一箇所に留まり成功するまで努力する姿勢のことです。

第六に、以上の精神に基づいて、核心を掴むまで徹底して努力する「福の神コースを歩め」ということです。

これらが徳・健・財を実現させる方便なのです。

「健」を確保することは、自らが利益を得る「自利」ですし、「財」も当然、自らが利益を得る「自利」です。この「自利」だけではだめで、この自利の上に他人や社会に良いことをする「徳」を積む。これはまさに「利他」をせよということです。この自利利他の考えで世の中に尽くせというのですから、まさに伊藤忠兵衛に代表される近江商人の言う「三方良しの思想」そのものであり、渋沢英一の言う道徳経済合一説（士魂商才）も、ここでいっている徳・健・財を身につけ、安心され、信頼され、尊敬される人間こそ、まさに商人や在家の人たちが進むべき方向を説いた釈迦の精神そのものと言えます。

この徳・健・財を具えた人物はどんな社会になっても、どんな時代でも、社会のすべての人たちから安心され、信頼され、そして尊敬される人物になります。

まさに、釈尊のようになるということです。

考えてみれば空海の説く「四恩十善」というのは、この「福の神コース」を歩む人間です。まさに「安心され、信頼され、尊敬される人間」こそ「四恩十善」を実行している人物であり、菩薩道を歩む人物といえます。この「福の神コース」を歩む人間を世界中で育てていくには、世界の多くの国々、特に東アジアや東南アジアの子供たちを日本に留学させ、しっかり「菩薩道」を教えていくことだと思います。これこそ日本の責任です。

まだまだこのことが実行できる教育機関は多くはありません。

仏教の核心をつかんだ平岡宕峯師が設立した清風中学、高校、清風南海中学、高校であり、その精神を実行している清風情報工科学院ぐらいですが、更に共感される教育者を増やし、世界のリーダー、世界経済に影響が与えられる人材を多く育てたいものです。

5. 継続性の文化 「数字より人間関係を重視する」

早くから上田篤氏が注目されていた縄文文化が、いま世界の学会で「縄文学」として注目を集めています。

放送90年記念番組のNHKスペシャル「アジア巨大遺跡第四集　縄文　奇跡の大集落　一万年持続の秘密」で、「縄文」が取り上げられています(1)。少し長い引用になりますが、「継続」の象徴として取り上げます。内容は次の様なものです。

およそ一万五千年前に氷河期が終り、地球は温暖期に入ります。そして、メソポタミアやインダスでは小麦が、黄河や長江では稲が耕作され、定住生活に入ります。この定住生活にともないメソポタミア文化、エジプト文化、インダス文化が、そして黄河文化などが生まれました。

ところが日本では、麦や米の栽培ではなく採集狩猟生活の縄文文化が生まれ、しかも弥生文化まで1万年以上続いたのです。この縄文文化に世界の注目が集まっているのです。土偶や火焔土器で有名な縄文人は、狩猟採集文化の常識を超えた継続と質の高い生活を営んでいたのです。ある大英博物館研究員は「縄文は人類史上極めて重要な位置を占めています。洗練されたライフスタイルは世界でも極めて珍しいものです」とまで述べています。およそ五千五百年前に生まれたと考えられている縄文を代表する青森県にある三内丸山遺跡では、小麦も、米も栽培されていません。しかしながら良質の栗の木が植林され広大な森が作られていたのです。植物遺伝子学を専攻している佐藤洋一郎氏は、出土した大粒の栗のDNAの分析から優秀な栗の木だけを選抜育種し、半栽培が行われていたことを論証しています。(2)

未開で未発達と思われていた縄文人は、常識をこえる豊かな巨大集落を築きあげていたのです。この縄文に最先端の科学調査が欧米で始まっているのです。

研究チームのリーダーは「結果は驚くべきものでした。西洋の考古学の枠組みを大きく変える発見だったのです」と。そして何より世界を驚愕させているのはその長さです。氷河期が終わったおよそ一万五千年前から弥生の始まる二三〇〇年前まで一万年以上続いたことです。メソポタミア文明、エジプト文明、インダス文明、黄河、長江文明などの古代文明と比べてもこれほど長く続いたものはなかったからです。

カリフォルニア大学のジャレッド・ダイヤモンド教授は、「縄文人は一万年以上にわたって崩壊することのない持続可能な社会を築き上げました。これは偉業です」と、更に「狩猟採集民は愚かで原始的な生活を送っていると考えるのが欧米では一般的です。しかし通常、農耕民族が行う集落の発展を狩猟採集民が成し遂げたのです。その意味で縄文人は世界で最も豊かな狩猟採集民といえます」とまで述べています。多くのヒスイの装身具や耳飾りの発見は豊かで文化的な生活が営まれていたことを示しています。そして2013年4月18日号の『ネイチャー』に掲載された論文では、イギリスのヨーク大学のチームが約一万四千年前の縄文土器の破片から食べ物を煮炊きしたおこげを見つけたことを取り上げています。ヨーク大学のオリバー・クレイグ博士は、「縄文土器は非常に古い時代に発明されましたが、どう使われていたか科学的にはほとんど調べられていなかったのです。そこでその最も古い時代の土器を分析すると、その土器が、食べ物を煮炊きするため実際に使用されていたことが初めて明らかになった」と述べています。國學院大學の小林達男名誉教授は、「煮炊きするという一つの手段が考えられ、それによって自然界の中にあった生では、食べられないようなものまで、渋抜きや、毒抜きを成功させ、食料を増やしていったのです。この豊かな食料事情を背景にして縄文文化は発展していったのです」と述べています。煮炊きは人類史上の調理革命といわれ、食生活を飛躍的に向上させました。こうして縄文人は農耕に頼らない定住生活を実現していたのです。

この縄文文化を世界が注目するもう一つの大きな謎は、同じ文化が驚異的に長く続いたことです。

縄文人は三内丸山（青森県）の集落が始まる遥か以前から始まっていました。しかも世界のほかの地域と異なり、狩猟採集の生活基盤を農耕に移行することはなかったことです。西アジアや中国では狩猟採集生活から農耕社会に変わっていったのは、およそ一万年前、その後、文明を見出しました。一方、縄文は一万年以上にわたり狩猟採集生活を変えることなく、独自の文化と社会を持続させたのです。これは世界でも類がないものです。ジャレッド・ダイヤモンド教授は「狩猟採集民が多くの人口を養う持続可能な社会をつくり出していたのです。これこそが縄文の独自性です」とまで述べています。

縄文時代、すでに農耕は朝鮮半島にまで伝わっていました。しかし日本列島には広がることはありませんでした。ダイヤモンド教授は敢えて縄文人は農耕を受け入れなかったと考えています。「縄文人には農耕民族になる選択肢もありました。朝鮮半島との交流を通じ、農耕の存在は知っていたからです。にもかかわらず狩猟採集民となることを選んだのです」と。この農耕のみならず、大陸で生まれた文化でも朝鮮半島まで伝わっていても日本に広がらなかった例は、多くあります。その一つは宦官です。もう一つは纏足です。日本の社会にとって不自然なものは、日本人は朝鮮半島まで伝わっていても受け入れなかったのです。

では、なぜ縄文人は農耕を受け入れなかったのだろうか。それは一万五千年前に氷河期が終り、日本列島はモミやツガなどの針葉樹林帯からブナやクルミなどの広葉樹林帯に移っていったからだといいます。それについて立命館大学の中川毅教授は、「氷河期が終りに近づいて気候が徐々に暖かくなっていく過程で植生が変わっていったからだと思います」と述べています。

落葉広葉樹には多くの木の実がなります。気候の移り変わりと共に豊かな森が長い時間をかけて日本列島に広がっていったのです。そしてこの頃に画期的な道具、土器を手に入れたのです。一万五千年前の土器の破片が見つかっています。土器の始まりは西アジアで約一万年前、エジプトは約九千年前と言われています。中国は諸説がありますが、一万数千年前と言われています。縄文土器は一万五千年以上前の最も古いものの一つです。おそらく縄文人は森での生活をしていましたからこそ、森の火事跡などから火を通した土や石を参考に土器を開発したのでしょう。

豊富な木の実を手に入れた縄文人は食生活に革命を起こしたこの土器も、世界に先がけて発明していたのです。さらにおよそ九千年前に日本海に暖流が流れ込み、森をより豊かなものに変えていきます。暖流は大陸から寒気と出会い、水分を多く含んだ上昇気流を生み、大量の雪を降らせます。日本列島が温暖で湿潤な気候に変わり、春夏秋冬という変化に飛んだ四季が生まれたのです。縄文人はこの四季の恵みを活用し、持続可能なライフスタイルを作り上げていったのです。

森は縄文人にとって食べ物の宝庫です。漆（japan）もすでに使っていました。ダイヤモンド教授は、「日本の自然環境は生産性が高く狩猟採集民として暮らすことが賢明な選択でした。農耕民族の場合、自然の利用は壊すことから始まります。土地を切り開くからです。しかし縄文人は自然環境全体を利用するたぐいまれな方法を発展させたのです」と述べています。

長く引用しましたが、この自然環境全体を利用した長く続く文化こそこれからの地球社会の必要な文化だと思われます。

それは1％の人たちだけが生き残るのではなく、人間関係を重視した社会全体が幸せになるには、縄文人が発明した自然環境全体を利用した長く続く文化が有効になると思えるからです。

この長く続く文化が、日本人と大陸国家の人達と根本的に違う宗教観を生んでいます。

それは山本七平氏のいう日本教の根本理念に「人間を信じる」という理念があるからです。

ではなぜ日本人に「人間を信じる」理念がうまれたのでしょうか。

一神教はＧＯＤ以外信じないのですから、排他的で独善的です。人間に対しても自分や家族以外の人間を信じません。大陸文化では他人を信じないのが常識です。

ところが日本文化は人間を信じる、自然を畏敬する文化です。どんな自然災害にぶつかっても自然に恨みごとを言う文化ではないのです。むしろ更に自然を大切に、畏敬するのです。それは常に自然から多くの恵みを授かってきたからです。木々や田畑から、海や川からの素晴らしい恵みを毎年受けつづける、本当に自然の宝庫のような社会です。

しかも島国ですから災害から逃げ出せないのです。当然、共存する以外にありません。助け合い、支え合う以外ないのです。「人間を信じる」文化が育ったのです。そして常に自然に感謝し、怒らさないように、神道で一番大事にしている「祓いと禊」という清めによる信仰が根付いたのです。


日本の天皇制は世界に例のない継続文化の象徴です。

世界の多くの王政は、中国の言う易姓革命（権力闘争）によって生まれていますし、権力闘争によって盛衰を繰り返しています。当然日本の天皇制のように長くは続かないのです。長く続く文化の特色は人間関係を重視、より広がった支え合いを生みます。それは丁度、ダイヤモンド教授がいみじくも述べられていますように、縄文人は自然環境全体を利用するたぐいまれな方法を発展させていたのです。そのシンボルがまさに天皇制だと言えるのです。

近年の自然環境をみていますと、このすべてをいかす文化、智慧が必要になっています。しかもこの縄文の遺跡では、ほぼ争いがなかったことが発掘された骨格から判っています。頭蓋骨に争いの痕跡が残っている例が少ないのです。ところが日本でも農耕を導入した弥生時代に入ると頭蓋骨に争いによる損傷の多いものが急速に増えています。恐らく、農耕は必要以上に作物が作れ、それに基づいた権力が生まれ、闘争も増えたものと思われます。現在の社会を象徴しています。

世界で１００年以上続いている企業の半数以上は日本の企業です。天皇制だけではなく、長く続いている企業が欧米より圧倒的に多いのです。なかには寺院や神社建設に携わっている「金剛組」（大阪　建築）のように１４００年以上も続いている企業も存在しています。また山梨県にある「慶雲館」は１３００年も続いている温泉旅館です。創業２００年以上の会社のみ入会が許される国際団体「エノキアン協会」の最も古い創業の企業は、北陸の温泉旅館「法師」です。ヨーロッパの最古の企業は１２９３年創業のイタリアガラス品メイカーですが、この団体には非加盟ですが、これより古い会社や店が、日本には『金剛組』や『慶雲館』以外に20社以上あるのです[3]。

これらの事実からも長く続かせられる文化を、世界で育み、一人でも多くの人たちが一緒に平和を享受できる自利利他の精神に基づいた有り方こそこれからの社会の有り方だと言えるのです。

（1）平成27年12月24日ＮＨＫ大阪放送。（2）原田信男『コメを選んだ日本の歴史』文春新書　p.24（3）伊勢雅臣『世界が称賛する日本の経営』扶桑社　p.31

第一章

現在の社会に何が起こっているのか

1. 巨大化したヘッジファンド

提案の章の背景を考えていきます。

アルビン・トフラーが脱工業化社会を『第三の波』（１９８０年）で、ネイスビッツが物から情報への新しい時代のうねりを『メガトレンド』（１９８３年）で、そして堺屋太一氏が『知価革命』（１９８５年）で、知恵の時代の到来を予言していました。

日系の政治学者であるフランシス・フクヤマ（１９５２年10月27日生）は、[1]東西の冷戦の終了を見て、「自由を基にした民主主義が人類の最終到達地点である」と、自由主義に基づいた民主主義に代わり得る政治体制は存在しないと『歴史の終わり』（１９９２年）の中で述べています[2]。

東西の冷戦が終了するとともに、急速に進んだ経済の自由化、グローバル化、情報化によって、世界の実物経済、即ち物の売り買いや貿易による経済活動は、２０１５年度のＧＤＰで、およそ75兆米ドル（約８３６０兆円）、そして株式では、２０１７年6月で、世界の株の時価総額が76兆ドルと、世界のＧＤＰを超えるほどに拡大しています[3]。

ところが、その自由に基づいた資本主義が、どうもおかしくなっているのです。この成功したシステムを象徴する姿として、投機を目的としたヘッジファンドを巨大化させ、その運用資金はヘッジファンド・リサーチ（ＨＦＲ）が発表したデータによると、２０１６年6月末には2兆9千億ドル（約３１９兆円）にもなっています。更にデリバティブ（金融派生商品）等において、そのレバレッジ（証拠金を担保にした取引）による空売りなどの投機経済は、証拠金の50倍から１００倍にまで運用され、ＩＭＦの報告書では、あのサブプライム住宅ローン危機（２００８年）当時においてさえ、運用資金は実経済のおよそ15倍、７京５０００兆円にまで達していたのです。投機経済の取引は「京」が単位です。兆の一万倍です。しかもこの投機経済はコンピューターの操作だけで膨大な利益を生み出すシステムになっており、アメリカの優秀な人材が、実経済だけではなく、この「知恵」の分野たる投機経済にも向かっており、まさに現在は金融資本主義とも呼ぶべき状態になっているのです。

ところが、この巨大化している現在の投機経済のシステムは、中産階級を崩壊させ、99％の人たちを貧困にする経済であると、ジョセフ・Ｅ・スティグリッツは指摘しています。彼はノーベル経済学賞を受賞し、ビル・クリントン政権で米国大統領経済諮問委員会委員長を務め、その後は世界銀行で上級副総裁までしています。

このことはアメリカだけの現象ではなく欧州は勿論のこと、日本をも巻き込みつつある現象です。彼は、現在のアメリカは「１パーセントの１パーセントによる１パーセントのための政治」になっており、「アメリカ国内で法外なまでに広がっていく不平等と少数の富裕層に不釣り合いなほど大きな発言権を与えている政治制度になっている」とまで指摘しています。(4) フランスの経済学者のトマ・ピケティ教授(5)は、著書の『21世紀の資本』（２０１４年）の中で拡大化する格差を数字的にも裏づけており、アメリカの社会に衝撃を与えたのです。それが若者の「ウォール街」への抗議運動を生み、そして２０１６年度の米国大統領選挙の民主党大統領候補にまるで社会主義者のようなバーニー・サンダース米上院議員の大善戦を生み、さらに本選では、社会の不満を吸収したドナルド・トランプが米大統領に選ばれたのです。

一方で、非常に重要なことですが、提案の章で取り上げましたように現在の状況を打ち破るアメリカの可能性として、M&A、いわゆる企業合併や買収による資金の回転が、アメリカでは善循環しており、ベンチャー企業が次々に生まれていることです。また、投資ファンドが次なる投資目標としてソーシァル・インパクト（社会貢献投資）と言われる荒廃している都市の再生や、ギリシャなどの経済苦境の国々へ投資を向けようとしていることです。

1956年に、セシル・B・デミル監督のもとに、チャールトン・ヘストン、ユル・ブリンナー、アン・バクスターなど豪華キャストで作られた『十戒』の映画の冒頭に、製作者は「この映画はモーゼによる自由の誕生の物語です」と、更に映画では「過ぎ越し」の夜が明け、ヘブライ人（後のユダヤ人）がエジプトから出立する日を「世界に自由が生まれた日」と、「自由」を強調しています。

アメリカでは、離婚が頻繁に起り、犯罪が増加し、銃器事件が頻発し、経済格差が拡大しても、何よりもこの「自由」を重視する社会なのです。

アメリカを理解するには、このことはいくら強調してもし過ぎることはありません。そして次々に生まれるベンチャー企業が、投資ファンドがそのことを証明しています。

ではこの自由に基づいたアメリカ文化とは、何なのかを見ていきます。

（1）ソ連などの社会主義を中心とした東陣営とアメリカなどの自由主義を中心とした西側陣営。（2）『歴史の終わり』（三笠書房１９９２年）渡部昇一訳。（３）日本経済新聞　平成29（２０１７）年6月2日。（４）『世界の99％を貧困にする経済』（徳間書店２０１２年）p.15。（５）１９７１年フランスのクリシー生まれ。パーリ経済学校経済学教授。経済学博士。パーリの高等師範学校出身。ＭＩＴなどで教鞭をとった。２００２年にフランス最優秀経済学賞を受賞。『21世紀の資本』みすず書房など著書多数。

2. アメリカモデル

日本は第二次世界大戦でアメリカに完膚なきまでにやっつけられました。「ぐう」の音も出ない敗戦です。そして自国の安全すら他国に依存するという屈辱的な憲法を与えられたのです。[1] しかしながら国土が焦土と化した中から不死鳥の如く、勝者であった「アメリカをモデル」に日本は再生したのです。

現行憲法を「屈辱的」と感じるのは少数派です。少なくとも多数派ではありません。ところがこの戦争について、大勝利した米国のマッカーサー元帥自身は、１９５１年４月19日の米上下両院合同会議で、大歓迎の中、前連合国軍最高司令官として演説しています。この「前」というのは４月11日に、対中政策で意見を異にしたことからトルーマンに連合国軍最高司令官を解任されているからです。その彼は、同年の５月３日の上院外交委員会、軍事委員会の合同聴聞会の場では、次のような発言をしています。「日本を戦争に駆り立てた動機は、大部分が安全保障上の必要に迫られてのことだった」と日本の自衛の戦争だったことを指摘し、更に民主党のトルーマン大統領の命じた原爆被害を「虐殺で残酷極まるものであった」とまで述べています。[2] またその合同聴聞会でのマッカーサーの「日本人は12歳」という言葉も伝わっていますが、その真意は、日本人は「中学生の純粋さ」を持っている、米国もドイツも「45歳の狡さ」を持っているという意味のものでで日本の民主主義は12歳という意味ではありません。マッカーサーはこれらの真実を述べたために人気が急落しています。それはこの戦争で米国の若者も大量に命を失っているからです。

このマッカーサーの話を裏付ける回顧録がでています。

『フーバー大統領回顧録』です。ルーズベルト大統領の前の大統領の回顧録です。この抄訳が勉誠出版により2016年に『日米戦争を起こしたのは誰か』としてでています。そこには、

- 近衛内閣は、誠実に和平を望んでおり、近衛の和平案は、駐日アメリカ大使もイギリス大使も妥結を望んでいた内容であったが、ルーズベルトは初めから妥結する意思がなかったこと
- 日本への経済制裁は宣戦布告なき戦争であったこと
- アメリカの原爆投下は全く弁護の余地のない未曾有の残酷行為であったこと

などが書かれています。また同様の趣旨のことは、米下院の重鎮だったハミルトン・フィッシュ議員が証言記録を残しており、その一つが2014年9月に『ルーズベルトの開戦責任』として草思社から発刊されています。[3] こういう真実の意見が公開されるところがキリスト教文化にもとづいたアメリカのすごいところで、易姓革命を信じてきた近隣諸国からは絶対と言ってもいいぐらい出てきません。どちらにせよ、左傾化したマスコミの影響からほとんどのアメリカ国民は知りませんが、アメリカの上層部はこの日米戦争の実態を知っているのです。

日本はアメリカにはめられたのです。

民間人の大量虐殺という国際法に照らして明らかに違反しているアメリカの原爆投下をはじめ、大都市への無差別攻撃を正当化する情報戦争にも日本は、負けているのです。

ロンドンタイムズやニューヨークタイムズの東京支局長をしたヘンリー・S・ストークス氏もそのことを指摘し、更に東京裁判の虚構を暴いています[4]。また、テレビで活躍しているケント・ギルバード氏も、第二次世界大戦における「日本人の驚異的な敢闘精神に連合軍の指導者や現場の兵士は恐怖心を抱きました」と指摘し、占領軍（GHQ）は厳しい検閲・言論統制のもとで「WGIP（War Guilt Information Program）」というマインド・コントロールを行い、日本人を徹底的に洗脳したと述べています[5]。それは「占領軍は戦争の惨禍はすべて日本が悪かったせいだと日本国民に思い込ませる工作をメディアや教育を通じて行なった」ものです[6]。

まさに昭和憲法が与えられた背景です。

敗戦ショックもあり、日本の勉強秀才が集まる教育界やマスコミ界のインテリ、特に左翼系の人たちは見事に洗脳されてしまい、未だにそのマインド・コントロールから抜け出せていないのです。そのために現行憲法を屈辱的と感じるのは少数派なのです。日本はアメリカにはめられたと述べましたが、実はソ連のスパイが当時のアメリカの上層部にも、戦後の日本での連合国軍最高司令官総司令部（GHQ）にも入っており、ソ連にはめられたともいえるのです[7]。アメリカで1995年に公開された『ヴェノナ文書』によるとそのことを裏付けています。これについては長くなるので、これ以上は触れませんが、註7を参考にしてください。

ではアメリカモデルとは、何か。

ここではフクヤマ氏のいう「自由に基づいた民主主義」、即ち資本主義経済に基づいた民主主義です。このアメリカモデルが第二次世界大戦後、世界中に広がります。

情報化、グローバリズムの進展とともに起こっている〈第三の波〉、〈メガトレンド〉、〈知価社会〉の中で、投機経済の巨大化が急速に進みます。そして「無限の地球」と思われていた地球が、経済の巨大化により遂に「閉鎖社会」であることを否応なく確認させられる状況を生んでいるのです。これはアメリカモデルの世界化を可能にしてきた「無限の地球」には限界があり、地球がまさに、閉鎖型の「島」社会であり、「ゼロサム社会[8]」そのものであることが突きつけられているのです。

フランシス・フクヤマの言葉を借りれば、「自由を基にした民主主義が人類の最終到達地点である」として、それでは、このアメリカモデルは何を基盤にしているのか、そしてその何が問題なのかを考えた上で、この「地球島」でのゼロサム社会ではどんなモラルを必要とする社会になるのかを考えてみます。

（1）昭和憲法前文

日本国民は、正当に選挙された国会における代表者を通じて行動し、われらとわれらの子孫のために、諸国民との協和による成果と、わが国全土にわたって自由のもたらす恵沢を確保し、政府の行為によって再び戦争の惨禍が起ることのないようにすることを決意し、ここに主権が国民に存することを宣言し、この憲法を確定する。そもそも国政は、国民の厳粛な信託によるものであって、その権威は国民に由来し、その権力は国民の代表者がこれを行使し、その福利は国民がこれを享受する。これは人類普遍の原理であり、この憲法は、かかる原理に基くものである。われらは、これに反する一切の憲法、法令及び詔勅を排除する。

日本国民は、恒久の平和を念願し、人間相互の関係を支配する崇高な理想を深く自覚するのであって、平和を愛する諸国民の公正と信義に信頼して、われらの安全と生存を保持しようと決意した。われらは、平和を維持し、専制と隷従、圧迫と偏狭を地上から永遠に除去しようと努めてゐる国際社会において、名誉ある地位を占めたいと思ふ。われらは、全世界の国民が、ひとしく恐怖と欠乏から免かれ、平和のうちに生存する権利を有することを確認する。

われらは、いづれの国家も、自国のことのみに専念して他国を無視してはならないのであつて、政治道徳の法則は、普遍的なものであり、この法則に従ふことは、自国の主権を維持し、他国と対等関係に立たうとする各国の責務であると信ずる。

日本国民は、国家の名誉にかけ、全力をあげてこの崇高な理想と目的を達成することを誓ふ。

憲法第9条

日本国民は、正義と秩序を基調とする国際平和を誠実に希求し、国権の発動たる戦争と、武力による威嚇又は武力の行使は、国際紛争を解決する手段としては、永久にこれを放棄する。

2　前項の目的を達するため、陸海空軍その他の戦力は、これを保持しない。国の交戦権は、これを認めない。

筆者補足　第2項の「前項の目的を達するため」に基づき、「国際紛争を解決する手段として［は］……陸海空軍その他の戦力はこれを保持しない」と解釈され、自衛隊は自衛のための戦力として容認されています。（2）産経新聞平成27年12月24日　なおマッカーサーは朝鮮戦争での人海戦術の中国共産軍に手を焼き、中国への原爆投下を提案し、解任されています。（3）ハミルトン議員は、日本の真珠湾攻撃を受けてフランクリン・ルーズベルト大統領が議会に対日宣戦布告を要請した際、真っ先に宣戦布告賛成演説に立った。ところが戦後、F・ルーズベルトが、対日最後通牒ともいうべき「ハル・ノート」を日本に突き付けて挑発していたことをアメリカ国民はもちろん米議会にも隠していたことを知り、怒りの著書を残した。ハミルトンの著書は1992年にも『日米・開戦の悲劇　誰が第二次大戦を招いたのか』と題してPHP研究所から出されている。これは絶版になっている。また東京裁判でインドのパル判事が判決書の中で、ハル・ノートみたいなものを突き付けられればモナコのような小国でさえ宣戦するであろう、という趣旨のことを書いているが、今となっては、よく知られているように、マッカーサーのGHQはこの判決書の出版を許さなかった。もっとも後に、ハル・ノートを実際に書いたのは、ソ連のスパイだったハリー・デクスター・ホワイト財務次官だったことが明らかになっている。（4）『英国人記者が見た連合国戦勝史観の虚妄』祥伝社　2013年『戦争犯罪国はアメリカだった！』ハート出版　2016年。（5）『まだGHQの洗脳に縛られている日本人』PHP研究所　2015年。（6）『青山繁晴の逆転ガイド（その1）』ワニブックス2015年　p.55。（7）占領軍の中枢部にソ連のスパイやシンパが入っていました。それどころか戦前の米国の上層部にもソ連のスパイが入っていたのです。戦前の日本にも入っています。ゾルゲを頂点にしたスパイ組織です。朝日新聞記者の尾崎秀実などが関わっています。日本を戦争に巻き込んだハル・ノートも彼らの影響であるとヴェノナ文書で明かされている。ヴェノナ文書は英米の情報機関が作成、１９９５年に一部公開された。日米戦争を仕掛けさせたのは、日本にソ連を背後から攻めさせないためである。これらを裏付けているのは、米ソの冷戦がはじまる１９４８年頃より１９５０年代前半に掛けて米国内の共産党員、そのシンパ、ソ連のスパイと見られる人たちが次々に排除されていったからです。上院議員ジョセフ・マッカーシーが上院政府活動委員会常設調査小委員会で率先して「赤狩り」を進めたのです。協力した政治家がリチャード・ニクソンであり、ロナルド・レーガンです。そして経済学者のミルトン・フリードマンでした。（８）レスター・サロー『ゼロ・サム社会』阪急コミュニケーションズ　岸本重陳訳　１９８１年

第二章

アメリカは宗教国家

1. 近代社会とキリスト教

一神教は、デウス（ラテン語）、ゴッド（英語）、ヤハウェ、或いはエホバ（ヘブライ語）、アッラー（アラビア語）と呼ばれる一神教の神（同一の神）のもとに、すべての人々は公平であると説きます。この公平という神の視点は、物事を客観的にみる科学的視点を生んでいきます。そしてその公平という概念を「愛」という形で説いてきたのがキリスト教です。このキリスト教の下に民主主義も、資本主義も、近代法も機能し、自由主義や、個人主義が育まれ、そして何よりも『聖書』が読める教育を」という啓蒙主義により近代社会は発展してきたのです。

当然、キリスト教徒であろうがなかろうが、キリスト教の善し悪しにかかわらず本当にキリスト教を理解していないとんでもない誤解を生むことになります。次々に起こっている経済危機もキリスト教がその背景にあります。言い換えれば全世界がキリスト教文化に飲み込まれ、資本主義も、デモクラシーも、近代法も、キリスト教の上に立っているのです。

アメリカモデルとは、キリスト教文化に基づいた民主主義モデルであり、その経済的側面が資本主義です。そして近代社会を支えている自由、そして自我も、個人主義もその背景となるものです。

2. カソリック教会の堕落

ローマカソリック教会は、313年にローマ皇帝であるコンスタンティヌスI世の信仰の自由を認めた「ミラノ勅令（寛容令）」以後、ローマ帝国と結びつき、大発展していきます。しかしながら権力との結びつきにより、世の常の如くローマカソリックも腐敗していきます。カソリックでは、聖職者の結婚は認めていませんので独身のはずの神父に愛人がいたり、子供がいる神父もいました。また神父の地位が売買されたり、教会の領地では税金（収入の十分の一）を取っていましたから庶民は領主と教会の二重の搾取で苦しんでいたのです。そして遂には宗教上の罪が許されるという免罪符（贖宥状《しょくゆうじょう》）まで売り出したのです。

ローマでは、為政者たちはギリシャ語ができましたので、『旧約聖書』も、『新約聖書』もギリシャ語の『聖書』が使われていました。(1) 当時の日常語はラテン語で、一般の信徒はギリシャ語の『聖書』が読めず、理解もできない状態が続いていました。後にラテン語の『聖書』が使われるようになってからも庶民の識字率は極めて低く、しかも聖職者以外は『聖書』を読んではならないことになっていたのです。

ユダヤ人は古へブライ語や地方語であるアラム語を話していました。『旧約聖書』は古へブライ語やアラム語で伝承されてきたものです。ところがローマ帝国とローマの属州に住むユダヤ人との間に戦争（ＡＤ66年～74年）が起こり、以後ユダヤ人はパレスチナを追放されます。各地に散ったユダヤ人は次第にユダヤの言葉が話せなくなり、20世紀に入ってイスラエルの建国とともに苦労の末、ヘブライ語を復活させたのです。(2)

『新約聖書』はギリシャ語で書かれていました。カソリックの教会では信徒に祈禱書の内容である悪魔払いの呪法《まじない》を教えたり、讃美歌を歌わせたりしていましたが、多くの信徒は『旧約聖書』のみならず『新約聖書』も読めなかったのです(3)。

ローマではギリシャ語の『聖書』が用いられていましたから、ギリシャ正教が今なお存在しています。しかもローマカソリックから分かれた宗派ではなく、1世紀に生まれたキリスト教を初代から引き継いだもの(4)として「正教」を名乗っているのです。

平安時代に日本ではすでに女性による文学は、『源氏物語』や『枕草子』など世界最高の作品を生んでいますが、それ以後も貴族や武士階級のみならず、文字を知っている庶民は多かったと思われます。それは万葉集などに庶民の歌が残っていることや、法隆寺五重塔には万葉仮名で書かれた落書があり、建設に従事した大工が書いたと推測されているからです。また江戸末期にやってきたシュリーマンは、「教育はヨーロッパの文明国家以上に行き渡っている。女性も文字が読める」と驚嘆しています(5)。

仏教は、漢文の読める僧侶や貴族を中心に広がりました。そのために天皇や貴族、後には将軍や大名は、経典に基づいて、極楽世界を模した宇治の平等院や、東大寺などの寺院を建立し、また仏像などを作らせています。一方、大衆は仏教の教えを経典からではなく、僧侶の話や民話や昔話を通じて学んだのです。そのために『日本国現報善悪霊異記(日本霊異記)』、『今昔物語集』や『宇治拾遺物語』などの仏教説話集も生まれています。これらは近代以降の文学活動にも大きな影響を与えています。たとえば芥川龍之介が『今昔物語集』や『宇治拾遺物語』などから『羅生門』、『芋粥』、『鼻』、『蜘蛛の糸』、『地獄変』などの小説を書いています。

明治や大正など戦前のインテリは漢文がしっかり読めていましたから、仏教文学ともいうべきジャンルに多くの優れた作品が生まれています。菊池寛の『恩讐の彼方に』、泉鏡花の『高野聖』、森鷗外の『山椒大夫』、夏目漱石の『夢十夜』、岡本かの子の『鯉魚』、幸田露伴の『五重塔』や太宰治、宮沢賢治なども、そして戦後に活躍した三島由紀夫は『金閣寺』や『豊饒の海』などを書いています。また菊池寛が『秘密曼荼羅十住心論』の解説書を、岡本かの子は『観音経』の解説書も書いています。谷崎潤一郎は『源氏物語』を現代語に訳すにあたり、『法華経』を学んでいます。もっとも日本で仏教が大衆のものになるのは、平安末期の法然による浄土宗に始まると言ってよいでしょう。

しかしながら、経典はそれ以後も、どこまでも、まじないのように唱える読誦の対象であって、経典が宗教改革以後の『新約聖書』のように大衆化することは、今もなお、ないと言えます。江戸時代に檀家制度が確立し、仏教が一般大衆の隅々まで広がりますが、仏教の説いている内容は経典を通じてではなく、空海や法然、親鸞、日蓮などが著作した書物や和尚の法話、歌舞伎や文楽、浪曲に落語、講談などの大衆文化を通じても学んだのです。もっとも、多くの日本人にとって仏教を経典から学ぶ知識としてのものではなく、霊験あらたかな智慧、即ち呪いとして信仰していたと言えます。恐らくカソリックでも同様なことがあったと思われます。

一方、イスラム教の預言書である『コーラン（アル・クルアーン）』がアラビア語。英語読みのコーランで統一する）』はギリシャ語の『旧約聖書』や『新約聖書』を徹底して研究した上で、アラブ部族にとって欠点と思えるところを補い生まれたものです。(6) イエスも預言者として認めています。

もっともユダヤ人は『コーラン』が『(旧約) 聖書』の欠点を補ったとは認めていませんし、イエスを予言者としても認めていません。この『コーラン』はマホメット(アラビア語ではムハンマド)の死(632年)後にマホメットの伝えた神の啓示による114章からなる最終の預言書として650年頃、三代目カリフ(後継者)であるウスマーンの時代に完成しています。当然、当時のアラビア語で書かれたもので、これ以外は正式の『コーラン』とは認めていません。[7]

私は日本語に訳され、日本語に解釈された岩波文庫『コーラン』(井筒俊彦訳上・中・下)を、また文藝春秋社『コーランには本当は何が書かれていたか?』(カーラ・パワー著秋山淑子訳)を、イスラミックセンター『イスラーム　法と国家とムスリムの責任』(真田芳憲)、小室直樹『イスラム原論』、『宗教原論』などを参考にしました。

イスラムの社会は、ギリシャ文化に通じており、今でも伝統的なイスラム教の高等教育機関のカリキュラムでは、西洋文明(キリスト教文化)の礎たるギリシャ哲学や倫理学をしっかり習熟させています。[8]

『旧約聖書』には終末論があり、その終末に「救済者」が現れることが説かれています。キリスト教徒はイエスこそその救済者として信仰していますから、本当にそうなのかどうかを知るためにイスラム教徒は、『旧約聖書』のみならず、『新約聖書』も徹底して研究したのです。

(1)『旧約聖書』はローマ帝国以前のエジプト・プトレオマイオス王朝下のアレキサンドリアでギリシャ語に翻訳されている。『旧約聖書』は古ヘブライ語とアラム語で書かれていた。『新約聖書』の時代のユダヤ社会では、すでに古ヘブライ語を日常生活からは失っていて、イエスも十二使徒もアラム語を話し、ギリシャ語は知らなかったはずである。だれが福音書をギリシャ語で書いたかは、実は大きな謎である。（2）小室直樹『日本人のための宗教原論』徳間書店　p.33,34（3）同上　p.156（4）高橋保行『ギリシャ正教』講談社学術文庫　p.22（5）ハインリッヒ・シュリーマン『シュリーマン旅行記　清国・日本』石井和子訳　講談社学術文庫　p.167　黄文雄『世界はなぜ最後には中国・韓国に呆れ日本に憧れるのか』徳間書店　p.49（6）『旧約聖書』では、アブラハムは重要な人物で、ユダヤ教の始祖であり、イスラム教では預言者です。そのアブラハムと二人の息子の物語では、アブラハムの妻サラには子供がなく、彼は妻の奴隷のハガルとの間に最初の子供をもうけました。それがイシュマエルです。アラブ人の祖先だと信じられています。ところがアブラハムが99歳の時、神の啓示によりサラにも子供が授かります。彼がイサクです。ところが神はアブラハムの信仰心を試すためにイサクを生贄に捧げろと命じます。ナイフを振り上げた瞬間、神がアブラハムを止め、代わりに子羊を与えたという話がありますが、『コーラン』ではその生贄に捧げられたのはイシュマエルだとしています。また、イスラム教徒は伝承の一部として〝カーバ神殿はイシュマルとアブラハムが建設した〟と。（7）ハミードッ・ラー『イスラーム概説』イスラミックセンター、ジャパン　p.31（8）『コーランには本当は何が書かれていたか?』p.20

3. キリスト教に欠落しているもの

では、イスラム教徒が疑問に思った『新約聖書』の欠点、即ちキリスト教の最大の欠点とは何か。

それはキリスト教が、その信徒に信者である証しを示す行動規範（生活の有り方を制限する戒律）を一切説いていないところにあるのです。

『旧約聖書』には、行動規範がしっかり説かれています。ところが『新約聖書』には、信徒の行動規範は説かれていないのです。信仰は行動ではなく「心」が問題だと言うのです。このことは後に取り上げますが「ローマの信徒への手紙」の中でパウロが述べています。[1] これがなぜ問題かは日本人には判りません。それは多くの日本人にとっても同じ考えだと思えるからです。阿弥陀信仰も同じ構造です。行動（仏教の説く戒）ではなく「阿弥陀如来の救済を信じる」という「心の有り様」を重視しているからです。ところがこれがなぜ問題かといえば、多民族社会や多数の宗教が混在している社会では、誰が共通の価値観を持っているかを知ることは、家族の安全を確保するためにも、非常に重要なこととなるからです。

現在の日本のように、義務教育の徹底により共通の歴史や習慣を持つ社会では、想像し難いことですが、大陸国家や異民族が混在している社会では、相手が味方であるかどうかを見抜くことは生死に関わることだからです。

日本でも同じ郷土の出身者や同窓生には親しみを感じますが、たとえそれ以外の人でも悪意を抱くまでには至りません。いわんや生命の危険を感じることはほぼありません。ところが大陸社会や砂漠文化の世界では一族以外、また知っている同郷の出身者以外は信頼が置けないのです。先に触れましたが他人は信じられない存在なのです。アメリカ映画の『アラビアのロレンス』の中で砂漠の中の井戸水をその井戸の所有者の許可をもらわずに飲み、殺されるシーンがあります。怒られるのではなく殺されるのです。

砂漠では水は本当に貴重ですから他人が水を飲めばその分、家族が飲む水を減らさなければならなくなるのです。一族以外は信用できないのです。いつ殺されるか、皆殺しにされるか、わからないのです。この恐怖は現在の日本人には理解し難いところですし、私を含めた日本人の宗教音痴の背景にもなるところです。日本人の間に、よく理想社会としての世界市民論が叫ばれたり、昭和憲法を頑なに守ろうとする主張が展開されるのも同様の理由です。他人は説得できる、理解しあえると考えているからです。

ところが他人は信頼できない、が国際社会では常識です。話し合いで理解しあえるというのは日本人の願望にすぎないものです。これは日本人が、性善説であり、宗教を行動で示すものとは考えず、心の問題だと捉え、解決困難な問題でも説得で解決できると思っているからです。西欧で個人主義が進み、民主主義が発達しても、なぜ議会では多数決が採用されているのかを考えれば、話し合いで理解しあえるというのは願望にすぎないことがわかります。異民族、異教徒が混在する国際社会では見知らぬ人を相手に、自分を理解させる重要な情報が、実は宗教なのです。そのためにどの宗教も、その信者であることを明かす行動規範（戒）が非常に重要となります。言い換えればどの宗教の信徒も、自分がどの宗教の信徒であるかを、誰にでもわかるように行動で示す必要があるのです。

ところがキリスト教の聖典である『新約聖書』には、それがないのです。

（1）『新約聖書』の福音書とはマルコ、マタイ、ルカ、ヨハネによる四福音書を指す。これらは、いわばイエスの言行録で、イエスの言葉を伝える「良い知らせ」だからこそ「福音」という。『新約聖書』は四福音書と諸書簡、使徒行伝＝使徒言行録、ヨハネ黙示録で構成される。

4. イエスの説く心構え

『新約聖書』には行動規範は説いていません。

イエスは勿論のこと、キリスト教を宗教として完成させたパウロは、「ローマの信徒への手紙」で、「人の義とされるのは、律法の行いによるのではなく、信仰による(1)」と明確に律法を守る行動規範より「信仰の重要性」を問います。

例えばイエスは「愛」を説きましたが、それをどんな形で、どんな言動で表すべきかということは一切示していないのです。「愛」を示す行動様式は一切説いていないので、そのために愛する相手に「愛」を言い続けることになるのです。ところがこの行動規範を説かないキリスト教の「愛」が、決定的に他の宗教との違いを生んだのです。

何の報酬も求めず未開の地で教育を行い、病人を助け、弱者を救済し、生涯かけて取り組む奉仕活動を生み、しかも愛を証明するために際限なく続けさせるものになっていったのです。これこそキリスト教精神そのものなのです。

繰り返しますが、イエスが説いているのは心構えです。「敵を愛し、あなたがたを憎む者に親切にしなさい(2)」、「誰かが、あなたの右の頬を打つなら左の頬をも向けなさい(3)」と言っていますが、具体的にどのような形で、行動で、どんな強さで、立ってか、座ってかなどの行動規範は一切示していないのです。心の有り様を求めているのです。更にイエスは当時、社会で阻害されていた人たちや接触が禁止されている不治の病に罹っていると思われている人たちにも救済の手を差し伸べています。これは現在では考えられませんが、当時の社会慣行を破る、人々に不安を与える行為です。ＩＳ（通称イスラム国）が貧しい人たちの不満、若者の不満を吸収する形で広がったのと同じ構造です。

イエスは敢えて「律法破り」、「行動規範破り」を行ったのです。だからイエスは、権力者からも目をつけられますし、何よりも『旧約聖書』を熟知しているユダヤ教の宗教指導者であるラビ（ユダヤ教指導者。学者。聖職者）に目の敵にされたのです。イエスがゴルゴダの丘で磔にされたのは、見せしめの意味があったと思われます。このことは非常に重要なことなので、後に再度触れます。

先に述べましたように、キリスト教を確立したパウロは、「行いによるのではなく、信仰による」とまで言っているのですから神との約束を守る証しにキリスト教徒はどのような生活をすべきかが、キリスト教徒のみならず、キリスト教徒以外の人にも判らないものになっているのです。

キリスト教の説く勇気

２０１５年にイギリスで開催されたラグビーＷ杯で、９月19日、日本チームが世界制覇を二度も実現させている南アフリカチームに劇的に逆転して勝ちました。このことの衝撃は世界中の話題をかっさらったほどです。それは丁度「阪神タイガースの二軍のチームが大リーグのチームに勝った」ような衝撃を与えた「事件」だったからです。

10月2日の朝日新聞に、この快挙がロンドンの私立の小学校で取り上げられたことが書かれています。ラグビーW杯の放送は特定のテレビ放送会社の加入者しか見られず、結果を知らない大勢の子供たちがいたのです。校長は全校のおよそ200名の児童に試合の映像を見せ、試合の終盤に3点を追う日本が、南アの反則を得た場面で、映像を止め、南アが二度の世界制覇をなした強豪で、日本はワールドカップでこれまで予選で、しかも一回しか勝ったことがないことなどを説明した後、校長は語りかけます「みんな、彼らはどうすると思う」と。同点狙いのPG（ペナルティゴール）か、最後まで勝利のトライを目指すか。児童の大半は「引き分けをねらうのじゃないですか」と答えた。そこで映像が再生される。ところがPGによる引き分けをねらうのではなく、日本は勝利を目指し攻め抜いたのです。ロスタイムに入り、逆転のトライ。盛り上がる児童たちに、校長は再度尋ねた。「日本が勝つには何が必要だったと思う」と。様々な意見がでた。勇気、諦めない心、チームワーク、練習をしっかりやること。目を輝かす子供たちに、「そう。それらは全部、みんなに大事にしてもらいたい価値観なのだ」と。

校長は「スポーツから人生を学ぶことはたくさんある。何よりスポーツの素晴らしいのは、うまくいかなかった時に取り返すチャンスがあることとです」と述べています。

これは教育的にも素晴らしい話です。

日本の小学校や、中学校、高等学校で、こんな指導をしたのでしょうか。

ただ、この「引き分けより勝利を望んだ」決断は、オーストラリア人であり、日本チームのヘッドコーチのエディ・ジョーンズの指導理念と、ニュージランド出身で、キャプテンであるリーチ・マイケルの下したものです。日本文化ではなく、むしろジョンブル精神（英国人魂）であり、キリスト教文化の決断とも言えます。

日本人は、和を重視し、引き分けを求めます。日本人は、引き分けを負けではないと考えるのですが、彼らは、引き分けは勝ちではないと考えるからです。

もっともエディ・ジョーンズ氏は自身が日系の豪州人であり、奥様も日本人で、大義のためには死も厭わないという「武士の生き様」を自分に植え付けたと言っています[4]。

野球の大リーグやサッカーと同様にラグビーのチームも、外国籍や外国生まれの選手や監督、コーチがいるのは当たり前です。日本チームを劇的に変えることに成功したエディ・ジョーンズヘッドコーチは、日本チームのヘッドコーチを引き受けたとき、まず日本人について研究したそうです。そして勝ちにいく決断をしたリーチ・マイケルは、日本チームのキャプテンに決まったとき、最初にやったことは「君が代」を覚えたことだそうです。日本人が外国チームの監督やコーチを引き受けたとき、その民族の性格を研究し、その国の国歌を覚えているのでしょうか。

一神教では戦い勝ち抜くことを求めます。

モーゼがエジプトからヘブライ人（後のユダヤ人）を連れ出し、あらゆる妨害に打ち勝ち、更にそのモーゼの死後も、ヨシュアによって多くの苦難を克服しパレスチナに到達したように、勝ち抜くことを求めるのです。勝たないとだめなのです。引き分けではまだ脅威は残るからです。

これは経済活動を見ていても実感できるところです。コツコツ企業を成功させ、子孫に続けさせていく日本型の企業ではなく、ある程度成功したら、企業買収に次ぐ企業買収でライバルを蹴散らし、拡大していく現在のアメリカ型経済の原型が、ここにはみられます。もっとも東京の企業もどんどんアメリカ型企業になっています。上手くいけばよいのですが、どうでしょうか。

この「戦い勝ち抜く」という思想は、仏教では、阿修羅にたとえています。

輪廻して生まれ変わる六つの世界である六趣では、インドの神の世界である天の世界、人が住む世界、そして阿修羅の世界、その後に地獄、餓鬼、畜生の住む世界を置いています。戦いを象徴する阿修羅は、古代ペルシャで発展したゾロアスター教(5)の教えを阿修羅に象徴させ、仏教の教えより低く、そして餓鬼、畜生、地獄よりは上にみているのかもしれません。

一方で、海外における布教活動では、キリスト教がその行動規範を説いていないために、『聖書』の説く神との契約に基づいた「愛」の実践として、教育に、スポーツに、医療に、弱者救済に、ちょうど、ラグビーのヘッドコーチやキャプテンの如く「際限なく」献身的に責任を果たすのです。制限がないのです。日本の選手が悲鳴をあげたように徹底して指導するのです。あの五郎丸選手ですらもう御免と言わしめたほどです。ここがキリスト教のすごいところで近代社会を成功させる原動力ともなり、他の宗教の実践活動と根本的に違うものとなっていったのです。事実、この精神がアフリカに、各地に、次々に「アルベルト・シュバイツァー」を生み、「マザー・テレサ」を生んでいくのです。

（1）『ローマの信徒への手紙』日本聖書協会 3-27　新約　p.277（2）『ルカによる福音書』日本聖書協会

6-27　新約　p.113（3）『マタイによる福音書』日本聖書協会5-39　新約　p.8（4）読売新聞　平成27年10月27日（5）ゾロアスター教ペルシャで生まれた。ゾロアスター、正しくはザラスシュトラ。ゾロアスターはBC7～6世紀頃の人。善悪の二元論を説く。世界は善神アフラ・マズダと悪神アンラ・マンユの闘争場と捉える。悪神の打ち勝つために善神を祭り、その保護を受けるべきと説く。終末論を説く。ギリシャ文化、一神教、インドの宗教、仏教、密教に影響を与えた。拝火教。

5．聖書文化の広報の殿堂ハリウッド

第二次世界大戦が終わり、米軍を中心とした連合軍に日本は占領されます。日本は負けたのです。そこで何が起こったか。キリスト教文化の勝利を高らかに謳うかのごとく、ハリウッド挙げての豪華絢爛な聖書映画が次々に公開されていったのです。リチャード・バートンにジーン・シモンズを主役に、ビクター・マチュアの出ている『聖衣』、チャールトン・ヘストンの『十戒』や『ベン・ハー』など『聖書』をモチーフにした映画が次々に公開されていきました。ビクター・マチュアが「聖衣」を持っているシーンを見ても、私にはピンと来ませんでした。『十戒』の製作者が、「この映画は自由を求める人々の戦いの映画である」と言っていますが、印象はモーゼの起こす奇跡のシーンです。この印象が日本人には強列だったのでしょう。大阪の「花の万博」では、このシーンが再現されたほどです。しかしながら映画製作者の意図はこの「自由」にあったのです。

このキリスト教文化は映画のみならず、芸術の分野でも圧倒的なパフォーマンスを示します。キ

リスト教の広報活動のすごさです。日本の仏教界は足元にも及びません。ジャズやミュージカル、クラシックの音楽に、プロスポーツに、美術に、教育に強烈な印象を日本の社会に与えていったのです。そして西部劇が次々に放映されました。そこには、インディアンがいかに獰猛で、頭の皮を剝ぐひどい種族かと描かれ、正義の味方、白人にやっつけられるのです。太平洋戦争の映画でも当然、不恰好で眼鏡をかけた出っ歯の背の低い卑怯者の日本人がやりだまにあがっていました。白人はいつもスマートで、ハリウッドの映画はキリスト教の言う「愛」を歌い、正義を示し、家族の有り様をたのです。常にハリウッドの映画はキリスト教の言う「愛」を歌い、正義を示し、家族の有り様を演じ、自己犠牲を見せ、そして自由を示し、自由とは何かを、即ち、キリスト教徒のあるべき姿を繰り返し描くのです。

ハリウッドの映画界にはユダヤ資本が入っており、監督や人気俳優にもユダヤ人も多く、『旧約聖書』を題材とした映画も、第二次大戦後のイスラエル建国を取り上げた映画などたくさんあります。なかでもナチスによる「ユダヤ人虐殺」の映画やテレビドラマも作られています。マスコミを押さえているユダヤ資本は、ユダヤ人が差別されたり、イスラエルがピンチになると、「ユダヤ人虐殺」の映画やテレビドラマを再放送し、キリスト教徒に警告するのです。またイスラム教でも『アラビアンナイト』が有名です。しかしながら、キリスト教のようなキリスト教徒の有り様を求める映画は、ユダヤ教にもイスラム教にも必要ないのです。それはユダヤ教やイスラム教は行動規範が明確だからです。『ハリーポッター』の映画は、単なる魔法使いの話ではなく、キリスト教の理念を示している映画です。キリスト教の説く「正義」、「友情」、「勇気」、「奉仕」、「リーダーの有り様」を描いているのです。

6.『コーラン』が生まれる

キリスト教は、イエスが処女のマリアから生まれたとか、イエスは磔刑を受け、人間の原罪を贖《あがな》ったとか、イエスは死んだ後、復活したとか、イエスは神であり、人間であるなどと言う奇妙な説を説いています。

「イエスが神であり、人間である」ということの奇妙さは、次々に奇跡を起こしたモーゼも、イスラム教の開祖のマホメットも、仏教の釈尊も人間を前提にしていますから、イエスが突出して奇妙な存在です。そこで先に触れたようにイエスが本当に救世主なのかどうかを『新約聖書』を徹底して研究したうえで、『新約聖書』が行動指針を説かないその欠点を補い『コーラン』が生まれたのです。だから『コーラン』は最終の預言書だとイスラム教徒はいうのです。誰にでもイスラム教徒であることが示しえて、しかもその行動様式を守ることによって連帯意識も生まれます。しかも神はすべての人々に公平ですから、多民族社会、多宗教社会で、イスラム教はあっという間に広がっていったのです。いや今なお世界で広がっているのです。6月に始まる断食のラマダーンも、一日のお祈りも同じ時間に、同じ方向に向かって、同じ回数、老若男女も、富者も貧者も、どの民族も地域ごとに一緒に行うのです。ところが一方で、そのイスラム教の広がった地域は、後に欧米の植民地にされたりしたので、近代化（西欧化）が遅れた保守的な地域となったのです。結果として貧困地域が多くなり、その現実がイスラム教をマホメット[1]が望んでいた形とは違うものにしていったように思われます。そのためにイスラム教は多くの誤解を生んでいるのです。

欧米の植民地政策と日本の植民地政策は根本的に違います。欧米の植民地政策では住民の民度を上げる政策はほぼとらなかったのですが、一方、日本の植民地政策は徹底して教育を重視し、公共投資を重視し、日本のレベルに植民地を上げようとしたことです。そのために欧米の植民地では近代化が遅れ、日本の植民地では、戦後、日本に続き、経済発展が次々に起こったのです。

イエスは女性も差別しませんでした。そして社会から疎外されている人たちに救済の手を差し伸べた如くマホメットも女性を差別しませんでした。慈悲深い、すべてに平等な預言者です。形成期では戦いもしていますが、人命を大事にしています。マホメットの死後、強制的な改宗がしばしば起こっていますが、イスラムの教えでは改宗の強要を禁止しています。また「イスラム教の形成期には膨大な数の女性学者が活躍していた。イスラム教は言わば女性によって作り上げられた宗教だった」とまでカーラ・パワー氏は述べています[2]。欧米で生活した信仰心の篤い女性のイスラム教徒の多くは、保守的な母国に戻ろうとはしません。それは母国のイスラム教の方が、『コーラン』から離れ、その運用には伝統を優先した解釈によるおかしいところが多くあるからです。カーラ・パワー氏は一人のヒンズー教徒が隣人のイスラム教徒に『コーラン』を借りに行き、読み終わった後に「面白かったですが、イスラム教徒の読んで従っている『コーラン』を読みたいです」と言った話が書かれています[3]。それぐらい『コーラン』に書かれている内容と現実の生活様式が違っているのでしょう。

『コーラン』ほど欧米に影響を与えたものはありませんが、カーラ・パワー氏は、更に「驚いたことに『コーラン』を読んでいる人はほとんどいない。『コーラン』という言葉が引用されるほど読まれておらず、しかも理解されていない[4]」と述べ、それどころか、多くのイスラム教徒も『コーラン』を読んでいないと指摘しています。[5]

イスラム教徒にとってその信仰の基礎となるのは「六信と五行」です。

六信とは信じるべき六つの信条（信仰）です。アッラー・天使・啓典・預言者・来世・予定です。五行とは行動様式です。信仰告白である「アッラー以外に神はなし、ムハンマド（マホメット）はアッラーの使徒である」と唱える「シャハーダ」、一日五回の礼拝「サラート」、施しである「ザカート」、聖なる月ラマダーンにおける断食である「サウム」、メッカへの巡礼である「ハッジ」です。そして伝統的に守られてきた飲酒や食事制限などの生活様式（戒律）です。これらを守ることによってイスラム教徒と認められるのであって、すべてのイスラム教徒が、『コーラン』をよく読んでいるわけではないのです。実は、『コーラン』や『ハディース』は古語のアラビア語で書かれているためわからないことが多いからです。そのために『コーラン』や『ハディース』を研究しているイスラム教の法学者の解説書の方が読まれています。そのため６８０年にムハンドの孫であるフセイン・イブン・アリーとその72人の仲間と、後継者を名乗ったヤズィードの数万人の兵との間でカルバラーの戦いが起こり、その戦いで敗れたフセインの殉教についての解釈によりスンニ派（ヤズィード派）やシーア派（フセイン派）などの宗派が生まれています。以後、宗派間で多くの紛争や悲劇を生んでいるのはご存じの通りです。

これは日本の仏教でも同じ傾向があって、釈尊の言葉が多く残されていると言われている『阿含経』や大乗経典より、空海の著作や親鸞の著作、道元の著作等の方がよく読まれています。その理由としては、衆生済度の具体例が多く説かれているからです。

イスラム教の行動規範を表している「五行」、その中でも信仰告白である「アッラー以外に神はなし、ムハンマド（マホメット）はアッラーの使徒である」と唱える一日五回の礼拝である「サラート」のお祈りや、断食などの生活様式（戒律）だけを守っている者は多いのです。そのためにプロテスタントが出てくるまでのカソリック教徒と同様に、『コーラン』や『ハディース』の勝手な解釈も横行しているのです。例えば、カーラ・パワー氏は、そんな例として、「女性は教育を受けさせてはいけない」とか、「ジハードで死ぬと楽園と72人の乙女という報酬が約束されている」などは、『コーラン』には一言も書かれていないと指摘します。[6]『コーラン』には、先に触れましたように、イエスは神ではなくモーゼやマホメットと同様に重要な預言者と位置づけられています。『新約聖書（福音書）』も重要な預言書と認められています。

この『コーラン』は、アラビア語の『コーラン』以外は正式な『コーラン』とは認められていませんから、古代アラビア語のわからない者には理解が不可能な側面が今でもあると思われます。だから法学者の出番があるのです。仏教で歌われている声明やキリスト教の賛美歌などに似た荘重で美しい音色の「古アラビア語の詩歌」などは、敬虔なイスラム教徒でさえ何を言っているのかわからないと言っています。[7]

密教経典でもサンスクリット語の真言や呪などは、訳さず、その音のまま唱えることとなっています。一種のおまじないです。アラビア語の『コーラン』も同様な唱え方があるのでしょう。イスラム教も、キリスト教の如く、『聖書』に戻れ、『コーラン』に戻れ、マホメットの『ハディース』に戻れという大運動が起こる可能性が高いと思います。もっともそのあとは、中世のヨーロッパのごとく大混乱が起こるかもしれません。実際、現状変更を求めたアラブ諸国で起こった「アラブの春」以後も大混乱が続いています。

宗教と仏法

戒律は信徒が守るべき規範ですから、どの宗教にも戒律があります。

その戒律を繰り返し実行することから、宗教のことを re-ligion というのです。

この re-ligion は、ラテン語 religens に基づき、繰り返す一連の行動、マックス・ヴェーバーは、それをエトスと呼んでいますが、言い換えれば re-ligion とは、行動規範に基づいて堅く守るものを意味します。欧米では宗教と言えばキリスト教。少なくとも一神教を指しますから、宗教とは聖書を繰り返し読み、その内容を堅く守ることを意味しています。

明治になり、廃仏毀釈が進められ、仏教の関係者は大変な危機感をもちます。もっとも、当時、「仏教」、「神道」というような括りで表現される集団はなかったのですが、危機感を持つ仏教関係者は西欧への使節団や留学生を送り出しています。それは近代化の手本たる欧米の宗教事情を見極めることにより仏教を救おうとしたのです。[8] そんな事情の中で、彼らは欧米での「信仰の自由」を学び、明治政府に「信仰の自由」を導入させることに成功したのです。そしてキリスト教の影響からreligionを宗教と訳し、キリスト教にならい、釈迦の説く法を「仏教」と呼ぶようになったのです。当時の日本では、仏教ではなく「仏法」と呼んでいましたし、キリスト教は「耶蘇」、或いは「伴天連」と呼んでいたのです。宇佐美英樹編著の『初代伊藤忠兵衛を追慕する』（清文堂出版）には、初代伊藤忠兵衛[9]について「仏法の信仰が厚く権謀術数で金儲けする事を極度に嫌われ」と書かれているように、戦前ではこの「仏法」は普通に使われていたわけです。日本では、宗教とは「宗派」を意味し、「うちの宗教は、門徒とか、高野とか、法華とか」と言っていたのです。一方で、キリスト教は、この「聖書を繰り返し読み、その内容を堅く守る」という心の有り様以外の行動規範は、一切、制限を加えていません。そのために、例えば一日に何回お祈りをするとか、断食をするとか、食べてはいけないものがあるとか、ないとかという生活の有り様に制限を加えていません。そのためにキリスト教徒の経済活動には、キリスト教は何の支障もきたさなかったのです。そのことから『聖書』を重視するプロテスタントの誕生とともに資本主義は発展していくことになるのです。

（1）マホメット（ムハマンド）は610年にアラビアのメッカで啓示を受ける。イスラム教がはじまる。彼は最後の預言者とされている。イエスも預言者の一人として認めている。イスラム教の多くの国々は政教一元論で政治が行われており、政治も生活の規範も宗教上の戒律も同じ基準で行われている。近年、トルコのように政教一元論でないイスラムの国家も生まれている。インドネシアのように信仰の自由に寛大な国もある。
（2）『コーランには本当は何が書かれているのか?』p.191　カーラ・パワー氏は、イスラム世界を専門とする女性のアメリカ人ジャーナリストである。（3）同著　p.13,14（4）同著　p.31,32（5）同著　p.32（6）同著　p.33（7）同著　p.12（8）小野田俊蔵「明治時代の仏教僧が推進した仏教教育制度の改革」佛教大学宗教文化ミュージアム　p.1,2（9）初代伊藤忠兵衛（1842年8月7日～1903年7月8日）近江商人。伊藤忠商事・丸紅という大手総合商社を創業し、多角的経営によって伊藤忠財閥を形成した。

7．プロテスタントの誕生

一般のキリスト教の信徒が、経典が読めないという状態に対して、中世末期の16世紀に、「抗議（プロテスト）」の声をあげたのが、初期の宗教改革者たちである後のプロテスタントです。そのリーダーの中には多くの聖書学者がおり、ルターやカルヴィンなどもいました。彼らはギリシャ語の『旧約聖書』や『新約聖書』を研究していたのです。

ルターやカルヴィンは、キリスト教徒は誰でも『聖書』を読む機会が与えられるべきであると主張し、『聖書』をドイツ語に、フランス語に、スペイン語に、英語等の多くの言語に翻訳したのです。そしてグーテンベルクの開発した印刷・出版技術によって一般の信徒にも『聖書』が読めるようになり、以後ヨーロッパから文字の読めない人が一掃されていくのです。これはちょうど現在でもキリスト教の『聖書』のみならず、イスラム教の『コーラン』が、開発途上国の中で、重要な教育ツールになっているのと同じです。

またカソリック教会では、『聖書』に基づかない様々な決まり事、例えば聖職者は結婚をしてはいけないとか、信者は離婚ができないなどを作っていましたから、一部の宗教改革者たちは反発を覚え、『聖書』の権威の重要さを強調したのです。

プロテスタントの出現により、当然、カソリックとカソリックの権威を否定するプロテスタントとの間に、殺伐とした争いが起こります。宗教戦争です。そして「異端審問」や「魔女狩り」の名のもとに火あぶりや絞首刑で、次々殺人が行われていったのです。暗黒の中世と呼ばれるぐらいの社会になります。この殺伐とした暗黒の中世と言われた欧州から『聖書』を純粋に厳格に信じるピューリタン（清教徒）などが、新大陸のアメリカに希望を託して移住し、アメリカ合衆国を建国したのです。

8. アメリカ合衆国は宗教国家

アメリカ合衆国は宗教国家です。

だからこそアメリカの大統領は、聖職者の立会いのもと、『聖書』に手を置き、大統領の国民に対する責任と義務の実行を神に約束（契約）するのです。

J・F・ケネディが大統領になるまでカソリック教の信者は大統領になれなかったのです。すべてプロテスタントの大統領でした。ケネディ家は敬虔なカソリック教徒で、J・F・ケネディの兄弟姉妹は9人もいます。カソリックは近年になるまで避妊を認めていません。アメリカは自由の国であり、スポーツの国であり、映画の国であり、先進科学の国であり、医療技術先進国であり、資本主義の国であり、民主主義の国であると共に、何より「宗教国家」なのです。アメリカが宗教国家であることは、いくら強調してもしすぎることはありません。そしてその広報情報拠点がハリウッドなのです。

ヨーロッパからアメリカへ移民した人たちは、自分たちの信仰を認めた州を次々に作っていきます。各州の州憲法（州法）はそのことを物語っています。だからこそアメリカは信仰の自由を実現した合衆国なのです。ハリソン・フォードが主演した『刑事ジョン・ブック　目撃者』にでてくるアーミッシュが住むことを認めているペンシルバニア州などや、ネバダ州のように結婚、離婚をすぐに認める州や、離婚をすぐには認めない州、同性結婚を認める州や認めない州などがでてくるのです。このアーミッシュは移民当時の生活を維持して、農耕や牧畜による自給自足の生活をしています。映画では自動車の通る横を馬車で移動するシーンがでてきます。合衆国は、英語で、The United States といいますが、いろいろな伝統や文化を認めあった「国（States）」が一緒になった（United）連邦制に近い合衆国なのです。

同性婚についても各州で州法（州憲法）が異なっています。平成27年6月27日の読売新聞の朝刊に「同性婚　全米で合憲　連邦最高裁が初判断」と出ています。これは平成26年10月に末日聖徒イエス・キリスト教会（モルモン教）の影響の強いユタ州で、連邦地裁が、同州の同性婚禁止の州法（州憲法）を違憲と判断しました。この時は、この判断について最高裁は審理せず、37州の同性婚を認めている州と同様に事実上黙認してきました。今回、米連邦最高裁で、初めて同性婚を合憲と認め、州法で禁じることを違憲とする判断を示したのです。最高裁でも意見が分かれ、判事9人のうち合憲が5人、違憲が4人の僅差だったように、保守派は「信仰の自由という合衆国の基盤」を破壊するものだと猛反発しています。カソリックのローマ法王庁（ヴァチカン）では、今なお、同性婚は認めていません。[1] ケンタッキー州では連邦裁判の結果が出た後も、宗教上の理念から同性婚を認めない州の市職員が出現し、現在も混乱しています。この市の職員は2015年に訪米したローマ法王と会い、法王から「気持ちを強くもって」と語りかけられたそうです。[2]

なぜ同性婚が問題になるのかといえば、『旧約聖書』の「レビ記」に、神の命令による同性婚や近親婚などが禁止されているからです。[3]

日本ではアメリカが宗教国家であるとは教えていません。触れることさえしていません。関心がないと思われます。

信教の自由という近代社会の大原則は、この中世のカソリックやプロテスタントの殺伐とした争いの中から生まれた近代社会の大原則です。もっともこの信仰の自由は、どこまでも「キリスト教徒間」の信教の自由として生まれたものです。そのことを証明するものが、ナチスによるユダヤ人などに対するホロコーストです。

（1）読売新聞　平成27年5月27日朝刊（2）朝日新聞　平成27年10月1日（3）「レビ記」18

9．アメリカ人の考えている使命

終末論

アメリカの国家戦略には、当然、その背景にキリスト教の思想があります。

このキリスト教は『旧約聖書』と『新約聖書』の信仰でなりたっています。『旧約聖書』には「イザヤ書」、「エレミア書」などに終末論が書かれており、そこにはその終末に救済者が現れることが述べられています。この救済者こそがイエスであると信仰しているのがキリスト教です。そしてこのイエスを救済者とは認めないユダヤ教徒やイスラム教徒との間に軋轢が生じているのです。

キリスト教徒からユダヤ人が差別し続けられてきたのは、イエスの弟子であるユダに裏切られたという思い、そしてユダヤ教の聖職者たるラビに告発され殺されたことが背景にあります。しかしながら、イエスの弟子のユダは、確かにユダヤ教徒ですが、ユダヤ教徒といえば、イエスも十二人の使徒もすべてユダヤ人です。イエスを裏切ったユダもいましたが、裏切らなかったユダヤ人もいたのです。だからイエスを裏切ったという理由だけではなく、むしろユダヤ教徒はイエスを救済者と認めていないところが一番大きな理由と思えます。

十字軍がエルサレムをイスラム教徒から奪還すべく遠征したのも（第一回１０９６年〜１０９９年）、イスラム教徒がイエスを救済者と認めていませんからキリスト教徒にとって異教徒からのエルサレムの奪還だったのです。このエルサレムではイスラム教徒もユダヤ教徒もキリスト教徒も平和裏に共存していました。ところが十字軍がエルサレムを陥れるやキリスト教徒にとって「異教徒」であるイスラム教徒やユダヤ教徒の老若男女を無差別に大量殺害したのです。しかも「神の名において」なされたのです。

ヨハネの黙示録

『旧約聖書』の終末論を受けた形で、『新約聖書』の最後の『ヨハネの黙示録』にも終末思想が説かれています。終末思想とは、「今ある世界は終わりを遂げる」という宗教上の考えです。『ヨハネの黙示録』は、最も後世に影響を与えた終末論と言えます。カール・マルクスの唯物史観やチャールズ・ダーウィンの進化論にも影響を与えたと言われています。余談になりますが「オウム真理教」は、ハルマゲドンや終末論を説いていましたが、「終末論」は一神教の思想です。大乗経典の『大方等大集経』に「仏法が正しく行われない末法の時代」のことが出ていますが末法と終末論は同じではありません。

この『ヨハネの黙示録』は、自らを「ヨハネ」と名乗る人物が、近づいている「終末において起こる出来事の幻を見た」と述べ、その最後にイエスがメシア（救世主・キリスト）として再臨することと、そして新たな世がスタートすることを述べています[1]。この再臨の考えは、密教では56億7千万年後に弥勒菩薩がまだ救済されていない仏教徒を救済するためにこの地に現れると伝えられていますが、よく似た話です。もっともキリスト教では、終末が来るのはそんなに遠い時期ではないとしています。

先に触れましたように、殺伐とした中世のヨーロッパから新天地を求めてアメリカ大陸に渡ったピューリタン（清教徒）らによって建国されたのがアメリカ合衆国ですから、彼らはアメリカにこそ、イエスの再臨が起こるという希望をもっているのです。『In God We Trust（神を信じる）』と米国紙幣には書かれています。これがアメリカ合衆国の国家のモットーです。

そのアメリカが第一次世界大戦以後、経済・軍事大国となり、いまやパックスアメリカーナ、アメリカによる世界平和を実現しています。

このパックスアメリカーナは、イエス・キリストを信仰していない唯物論の共産主義国や、自らを神と名乗る独裁者がいる国、異教徒の国などに対して、それを正すことが神から命じられた使命であるという信念に基づいています。その信念はキリスト教が「イエスが磔刑を受けたのは人間の原罪を贖ったため」としたために、信徒となりうる範囲が全人類に及び、他の神を信仰することは、異民族であっても許されざることになった[2]わけです。

「終末がもうすぐ来る。その時には救い主としてのキリスト（ギリシャ語。救済者）が現れる。だからこそ一日も早く世界の異教徒をキリスト教に改宗させ、その救済を受けさせる必要がある。これがアメリカの使命である」という考えです。

実際、アメリカは世界の多くの地域の開放に、紛争鎮圧に出向きますが、その背景にはこの『ヨハネの黙示録』があるのです。

アメリカ兵といえども死ぬことも、殺すことも嫌なことです。犠牲になることも望みません。クリント・イーストウッド監督の『アメリカン・スナイパー』や『グラン・トリノ』で描かれているように戦争であっても、直接人を殺すことによる心の重荷は非常に深いものがあります。それでもアメリカの社会は、キリスト教のこの信仰に基づいて、そして先進国の責任として戦地に出向くことを受け容れているのです。

先に触れた第二次世界大戦で、アメリカ軍が東京や大阪、名古屋などの大都会を焼き尽くしたのも、広島や長崎に原爆を落としたのも、『旧約聖書』の『ヨシュア記』にある異教徒を焼き殺せという神の命令の実践だと思えます。マリアナ諸島のテニアンで日本に向けて原爆を搭載した「エノラ・ゲイ」機の出発には、牧師が立ち合いこの「皆殺し」作戦の成功を祈っています。日本の敗戦がほぼ決定的なときに「汝の敵を愛せよ」という信仰を柱に持つキリスト教でさえこの有り様です。ただ皆殺しを命じる時の宗教上の共通点は戦争に巻き込まれているときです。『ヨシュア記』もヘブライ（ユダヤ）の民がエジプトを脱出して周りが敵だらけの状況ですから自らの一族の生存を優先したものと言えます。

アメリカはこのことを認めないでしょう。

彼らは当時の日本人を「軍国主義者」から解放する戦いだったというでしょうが、それならば軍国主義者ではない一般大衆を皆殺しし、焼き殺す必要はないはずです。米軍による東京や大阪、名古屋などの大都会の焼き尽くしや、広島や長崎への原爆投下は、日本軍の「真珠湾攻撃が軍艦や軍事基地をターゲットにした攻撃」とは、同じ性質のものとは思えないからです。しかも広島にはウランの、長崎ではプルトニュウムの原子爆弾を使用しています。戦争を早く終結させるために原爆を投下したという論法は、広島には通じても長崎には通じないものです。恐らくソ連を恫喝するために原爆を投下したのでしょう。もっとも米国の軍部の指導者たちは、日本の軍隊は米軍が戦った相手の中で、もっともフェアーな戦いをした軍隊であることを認めています。不思議なことに日本人はこのことを知りません。

懺悔の思想

読売新聞の特集「昭和時代」や産経新聞の「敗戦秘話」や特集として取り上げられた東京空襲において、その空爆に参加した飛行士たちの言葉は、この空襲の正当性を述べていますが、後にその飛行士たちは、日本人との交流を通じて、一般市民をターゲットにした無差別爆撃が、本当に必要だったかどうかという疑問を呈しています。また日経新聞に原爆開発のマンハッタン計画に関わったイザベル・カール（93才）は、「多くの人々を傷つけたことに心が痛んだ」と語っています。これらのことも先に触れたマッカーサーの上院外交委員会、軍事委員会の合同聴聞会の場での発言を裏付けています。[3][4]

懺悔の思想は仏教にもありますが、具体的な形で一般の信者が示す点は一神教の優れたところです。『旧約聖書』（「レビ記」４）には詳細に「罪の贖い」について書かれています。そして多くのキリスト教徒は死の旅路に向かう時懺悔をして天国に行こうとします。死者の多くを見送った医者をしている私の友人に指摘されたのですが、日本の仏教徒は本当に信仰心があるかどうか疑問だというのです。クリスチャンは死の旅路に向かう時、懺悔し、やすらかに死を迎えるが、どうも日本人は最後まで死後の世界を信じていないように思えるというのです。実際、クリスチャンは臨終に際し、牧師（プロテスタント）や神父（カソリックでは司祭）が立ち合い懺悔し、死の旅路に向かいます。日本人の仏教徒の場合、お坊さんがくることさえ「縁起が悪い」と、近隣者は近寄らせません。本人が望んだ自然死でも、後に親族から餓死させたと非難されたりします。また法律上、宗教上の理念からミイラになることも認めていません。関係者は自殺ほう助の罪で告訴される可能性があります。チベットや東南アジアなどの仏教国では、人の臨終の床に僧侶が来て読経の中、その人を死後の世界へ送ります。

聖絶と奉仕

一神教は他の宗教を認めないのですから排他主義の傾向が強いと言えます。これは自由経済においても排他的傾向が強いことを示しています。「1パーセントの1パーセントによる1パーセントのための経済」は、一神教の思想を反映したものです。『旧約聖書』の「出エジプト記」や「ヨシュア記」に異教徒を皆殺しにする神の命令が書かれており、排他的傾向を裏付けています。神の命令ですから熱心な信者こそ実行しなければならないことになります。

キリスト教のことを調べていますと、なぜ「無限の愛」を説くキリスト教がここまでするのかと悲惨な気持ちになることがあります。しかしながらキリスト教徒が無報酬で何の見返りも期待せずアジアやアフリカ、中南米の奥地などで、シュヴァイツアー博士やマザー・テレサのごとく生涯、貧者を救い、病人を救っているのもまた神の命令なのです。この隣人に対する愛の実践として日本を含めた各地に教育機関を設立し、教育の振興に貢献し、病院を作り、弱者を救済しているのです。中国政府は近年、多くの国に「孔子学院」を作っていますが、政治目的の学院で、キリスト教の思想とは根本から違うものです。

『ヨシュア記』は日本人の宗教観に合いません。
神が「異教徒を焼き殺せ。皆殺しにせよ」という命令を出すという発想が、日本人にはないからです。日本の神はせいぜい「祟る」ぐらいです。あの慈悲深い神がこんな命令を出すはずがないと考えるのです。そのために日本のキリスト教徒は、この『ヨシュア記』は「読みません」が、欧米人はしっかり「学び」ます。ここは、一神教の熱心な信者にとって、神の命令（ドグマ）という信仰の核心にあたる部分だからです。『ヨシュア記』の日本語訳では、苦労の末、「皆殺し」とは訳さず「聖絶」と訳しています。おかしな訳です。

ＩＳ（通称イスラム国）の人たちがテレビを通じて自分たちの主張、「預言者（マホメット）を信仰しないものは皆殺しする」と述べているのも、この『ヨシュア記』に根拠があると思われます。しかしながら、マホメットは決して「マホメットを信仰しないものは皆殺しにせよ」とは言っていません。本来のイスラム教は、進駐していった地では、「アラーを信じよ。さもなければ、死を」ではなく「税金を納めよ」と言って広がっていったのです。「命を大切にするのが、イスラムの教えだ」とトルコの大学教授であるシェンチェルク氏は述べており[5]、先に触れたカーラ・パワー氏の言葉を裏付けています。

２００１年9月11日のアメリカ同時多発テロ事件以後も各地でテロが起こり、２０１０年3月2日にイスラム教の高位の指導者によるテロリズムに対する宗教令ファトワー（Fatwa　註６）がロンドンで発表されています。このファトワーではテロの禁止、テロリストの破門を決めています。
このことは日本では殆ど報道されていませんが、日本で日本語を学んでいる多くのイスラム教徒

（ムスリム）は知っています。

これらのことはＩＳだけの問題ではありません。ドイツの哲学者Ｆ・Ｗ・ニーチェは、パウロをはじめとする取り巻きがキリスト教を変質させた。イエスとキリスト教は無関係とまで言っています。[7] これはイエスだけの問題ではなく、釈迦も、先にふれたようにマホメットも同様なのかもしれません。イエスも釈迦も、マホメットも志を高くもった素晴らしい人ですが、後の信徒たちが自分たちに都合のよいようにその教えを変質させているのかもしれません。

宗教は人間社会に決定的に影響を与えます。

それは未来に希望をもたせ、「心」を豊かにするからです。そして貧者や病人、老人やハンディキャップのある社会的弱者を支援することを説いている一方で、異教徒に対して大量殺人も命じているからです。嫌なことに目をつぶる傾向のある日本人には、宗教を理解することの重要性をいくら強調してもし過ぎることはありません。特に宗教を学んでいない戦後世代が次から次へと新興宗教にだまされていることからも判ります。オウムだけではありません。高額な花瓶を買わされたり、死体が黒く変色していても死んでいないと強弁する宗教団体ができてきたりしているからです。

宗教は心を豊かにしますし、常に未来に希望をもたせますが、一方で宗教をよく知っていないととんでもないことにもなるのです。

予定説

イスラム教の六信の中には「予定説」がありますが、日本のキリスト教徒が理解できないものに、キリスト教を含めた一神教の説くこの「予定説」があります。

札幌農学校（後の北大）でクラーク博士の影響を受け、熱心なキリスト教徒となった新渡戸稲造や内村鑑三も、この「予定説」の理解には四苦八苦しています。

仏教では因果応報が説かれ、しっかりした修行や供養の必要性を説いています。ところが、ユダヤ教、キリスト教、イスラム教の一神教では、信仰のいかんにかかわらず、救済される者は、あらかじめ決まっているという考えなのです。仏教の影響の強い日本では、新渡戸稲造や内村鑑三も同様で、「因果応報」の思想がしっかり定着しており、「信仰のいかん、行動のいかんにかかわらず」という発想がないのです。

宗教の世界で説くことと、現実の社会とは必ずしも一致しません。善い行いの人がひどい目にあったり、大して善いことをしていない人が成功したりします。仏教はこの矛盾を「過去世での行い（カルマ）が、現世の結果」であり、「現世の行いが、来世に反映する」という生まれ変わりを説く輪廻転生で説明しています。

一神教では創造主の神と被創造物の人間では判断基準が違う。神は人間の善悪の行為に影響されない。神は神の価値判断のみで、誰を救済するかを決めていると考えるのです。それは丁度、蟻の行列をよくみていますと怠け者の蟻や勤勉な蟻がいることがわかりますが、蟻を踏みつけたとしても蟻たちの行動に影響を受けないかのごとく、神は人間の行為に影響を受けないと考えるのですが、一方で、だからこそ必死になって神に認めてもらおうと「愛」を実行するのです。

私はアメリカの素晴らしさ、すごさを十分に評価している親米派ですし、キリスト教の宣教の素晴らしさには仏教に関わっている者としては感服しています。しかしながら日本人が一神教を理解するには、クリスマスやバレンタインデーや教会での結婚式も結構ですが、これまで触れてきたことも、知っておかなければならないことなのです。

（1）岩波書店『ヨハネの黙示録』新約聖書翻訳委員会訳「序文」p.3（2）本村凌二『はじめて読む人のローマ史1200年』祥伝社新書 p.43（3）読売新聞平成27年3月1日朝刊 産経新聞平成27年3月5日朝刊（4）日本経済新聞平成27年3月15日朝刊（5）朝日新聞平成27年2月3日朝刊（6）ファトワー（Fatwa）イスラム法学上の勧告。イスラム教徒（ムスリム）は、コーラン（クルアーン）の他に預言者マホメットの膨大な言行録をまとめたハディース（伝承）を用いて生活上の宗教や日常に関する事柄を規定している。それがシャリーア（イスラム法）。そのためヨーロッパのキリスト教社会から導き出された政教分離という概念はイスラームに適合しないという意見もある。このシャリーアでも対応できない事象には、宗教上の指導者が集まり、統一見解がだされる。その一つが2010年に出された宗教令ファトワー（Fatwa）である。もっともISも、ウサーマ・ビン・ラーディンもファトワーを頻発している。（7）『反キリスト者』（『偶像の黄昏 反キリスト者』（ニーチェ全集〈14〉ちくま学芸文庫 p.222 他 『アンチクリスト（キリスト教は邪教です！）』（講談社＋α新書）p.84

10. キリスト教が認めた利子

『旧約聖書』には利子を禁じ、それを卑しむべき行為とみなします。利子の禁止は、『旧約聖書』

のみならず『新約聖書』にも、『コーラン』にもみられます。『旧約聖書』にあるモーゼの律法には、「イスラエル人が借用を必要とするときは、貸し出しは自由だが利子を課してならない。よそ者には利子を課してもよい[1]」とあります。利子についてのこの掟を13世紀にカソリックの法皇が解き[2]、いよいよ資本主義が生まれるのです。また一神教の説く「神との契約」、この「契約」の考えは資本主義社会では不可欠の考えです。あの有名なシェイクスピアの「ベニスの商人」は、シャイロックの契約至上主義が取り上げられたものです。

『旧約聖書』、もっともユダヤ教徒は『新約聖書』を認めていませんから、単に『聖書』と呼びます。この『旧約聖書』は、神との約束が守れないユダヤ民族の苦難の歴史とも言うべき内容になっています。その『旧約聖書』の「出エジプト記・レビ記」には神との契約内容が詳細に書かれています。平和が続き豊かになるとつい神との契約を忘れ、神を敬わない生活になりがちです。それは現在の日本人が、平和が続き、豊かになり、信仰心をないがしろにしている姿をダブらせるとよく理解できます。

　このユダヤ人の神を敬わない生活をユダヤの神が怒り、災害や他民族の侵入を起こさせ、ユダヤ人が膨大な被害を受けた記述が『旧約聖書』には続きます。まさに『旧約聖書』はユダヤ人が神との約束が守れず、神から苦しめられる「苦難のしもべ」であることが綿々と綴られています。だからこそ神の怒りを鎮める預言者が出てくるのです。ユダヤ人にとっては神との「契約」を破る事の恐ろしさは骨身に染みているわけです。だからこそ『旧約聖書』を熟知しているユダヤ教の指導者から、「律法より心の有り様」を説いたイエスが許せなかったのです。実際、イエスの出現以後、ユダヤ人の苦悩はなお続くのです。

（1）出エジプト記 22;25、エゼキエル書 18;13、申命記 23;20-21 など（2）ジャック・ル・ゴフ『中世の高利貸』渡辺香根夫訳　法政大学出版局　p.20

第二章

日本人は日本教教徒

1. あれはあれ、これはこれ（融通無碍）

日本では近年「マニフェスト」がもてはやされていましたが、私は守れないと思っていました。それは「契約聖書」を持たない日本人には「契約」を破ることの意味が解っていないからです。案の定、対象や実現時期を特定化しない「マニフェスト」や「公約」を、契約の概念がはっきりしているキリスト教文化と違い、日本の政治家はほとんど守りません。


「あれはあれ、これはこれ」の文化にこんな話があります。

第二次世界大戦後、米軍が中心になって日本は占領されます。

その占領軍が一番困ったのは、「ダーウィンの進化論」をどう日本人に教えるかだったそうです。それは日本人が、日本は「神の国」だという信仰をもっていたからです。

『古事記』では、「高天原」の神々によってこの世がつくられ、わが国はその子孫により成りたっているとされています。

「ダーウィンの進化論」によりますと、この地上にあらわれた生物が、その進化によって人類は存在しているとされています。

これの何が問題かといえば、先に述べたようにアメリカ合衆国が、『聖書』を純粋に信じているピューリタン（清教徒）などの新教徒の集団が建国した国だからです。そのために英国やこのアメリカには、今なお「ファンダメンタリスト[1]」と呼ばれる『聖書』を頑なに信じる人たちが多くいます。この保守的な人たちは米国の大統領選挙にも大きな影響力を持っています。この「ファンダメンタリスト」たちは「ダーウィンの進化論」を否定。学校教育で、「ダーウィンの進化論」を教えることすら拒否しているのです。それは『種の起源』が『聖書』の記述と明らかに異なっているからです。

２００９年はダーウィン生誕二百周年にあたり、アメリカのギャラップ社の調査によりますと、「ダーウィンの進化論」を信じる人はわずか40%にすぎなかったそうです。アメリカ人の半分以上は、ダーウィンより『聖書』の方を信じているのです。

『聖書』の記述を重視するプロテスタントは、『聖書』では禁止していませんから牧師の結婚も、信徒の離婚も認めていますし、堕胎も禁止されていません。もっともカソリックでは、『聖書』で禁止していないにもかかわらず、聖職者の結婚も、信徒の離婚も、堕胎も公式には認められていません。余談ですが２０１５年４月にイタリアで離婚法が改正されて以来、離婚が激増しています。カソリックの世界でも、徐々に日本式の「あれはあれ、これはこれ」になっているのかもしれません。

日本が神の国であると信じていると思える日本人を、「ファンダメンタリスト」と同様だと考え、進駐軍にとって「ダーウィンの進化論」をどう教えるかが問題だったわけです。ところが日本人は「あれはあれ、これはこれの文化」ですから、神の国も進化論も矛盾なく受け入れており、アメリカのような問題にはならなかったわけです。

山本七平氏は、どの宗教の日本人も日本教を信じる日本教徒だと言っています。

提案の章で触れましたように日本の仏教は日本教仏教信者、キリスト教は日本教キリスト教信者、儒教は日本教儒教信者だというのです。それは日本人が、仏教徒も、キリスト教徒も、儒教を信じている人も、神道を信じている人も、宗教を信じていないと思っている人も、行動規範において皆同じだからです。そして八百万の神の如く、拝む対象が異なるだけの同じ日本の伝統を信じる日本教徒だというのです。

日本教徒の教義は融通無碍で、経典もなければ契約概念もありません。行動理念は、「あれはあれ、これはこれ」です。

（1）ファンダメンタリスト　『聖書』の記述を絶対的に信じる人たち。キリスト教根本主義は、19世紀から20世紀初頭にかけての保守的な英国や米国のプロテスタントの中での運動である。彼らが主張した基本的な信仰は、1.『聖書』の無誤謬性　2.イエスの処女降誕　3.イエスの磔刑による贖罪　4.イエスの復活　5.イエス・キリストの再臨である。

2. 日本に生まれなかったファンダメンタリスト

ではなぜ日本人はアメリカの「ファンダメンタリスト」と同様にならなかったのか。

明治に入り、明治政府の中枢部の人たちが欧米に二年近くも視察に行っています。

現在の社会では考えられないことですが、それぐらい欧米を知らなければならないという切羽詰った厳しい危機意識が明治政府にはあったのです。
参考までに明治政府成立前後の日本を取り巻く状況を整理してみます。
①欧米列強は日本の植民地化を狙っていると日本側が危機感をもっている。
②欧米諸国は18世紀後半から19世紀初頭にかけて猛烈な勢いでアジアに進出。多くの地域を植民地にしている。
③英国はインドを植民地化し、中国との三角貿易を成し中国をねらっている。
④スペインは16世紀の後半に、フィリピン諸島に眼をつけ植民地にしている。
⑤オランダもジャワ島などのインドネシアを中心に植民地を持っている。
⑥英国は阿片という禁断の交易品を用いて清国とアヘン戦争を起こす（１８４０年）。敗れた清国は香港が割譲され、膨大な賠償金を払わされる。
⑦アメリカは南北戦争が終わり、更に太平洋に権益を広げている。
⑧フランスはベトナムやラオス、カンボジアなどのインドシナ半島を植民地化し、その権益を独占している。
⑨ロシアは念願の不凍港を求めて朝鮮や日本の近辺に出没している。
⑩朝鮮は頑なに伝統の世界に入り欧米への対応を怠っている。日本の安全に極めて重要な朝鮮半島へロシアの侵入がいつ起こってもおかしくない状態である。
このような国際環境の中で、明治政府は国是を「富国強兵」におき、近代国家として憲法の制定

を急ぎます。その憲法を学ぼうと新政府の中枢部の人たち[1]が欧米に視察に行ったのです。それも新国家が発足し、成功するかどうかの帰趨を握る最も重要な時期、明治4年（1871年）から6年まで、国家を空けて行っているのです。もっともこのことができたのは明治政府実現の最大功労者の一人であり、人望のあった西郷隆盛が日本に残ったからでしょう。

この憲法を学ぶというのは「建前」で、おそらく、欧米が日本を植民地にしようとしているかどうかを「探り」（スパイ）に行ったのではないかと私は思っています。

憲法について言えば、フランスはフランス革命の後であり、王が処刑された国で、日本の参考にはならず、英国は成文憲法を持たず、アメリカは王を持たず、結局、ドイツ、即ち当時のプロイセン王国やオーストリア帝国を中心に憲法を研究することになります。ドイツでは、法学者グナシスにプロイセン王国の憲法を学びます。そしてオーストリアでは、同じく法学者のシュタインから立憲君主国としての憲法の運用の仕方、議会と政府の関係、官僚機構などを学びます。しかしながら彼らからは、「憲法はその国の歴史・伝統・文化に立脚したものだから、貴方たちも日本の歴史を学び直し、日本の歴史、伝統に基づいた憲法を持つべきだ」というアドバイスを受け、明治政府の要人たちは、この言葉に勇気づけられ、日本の歴史伝統に基づいた独自の明治憲法をつくり、そしてその教育実践の指針として、教育勅語（日本教の戒律にあたる。行動規範）を発布したわけです。

しかし一方で、彼らが憲法以上に欧米で学んだのは、キリスト教による統治システムではなかったのでしょうか。なぜなら、明治以後の「神道」は明らかに、それまでの神道とは大きく異なったものになったからです。

明治政府は、日本の神々と共存関係にあった仏教を排除し、日本の神々を国家神道とします。そして国家神道以外の神道や新興宗教を弾圧していきます[2]。

一般的には国学の影響から国家神道が生まれたと教えられますが、私は、明治政府がそれを利用して権力と癒着している仏教とのかかわりを絶ち[3]、欧米のキリスト教による統治システムをモデルに、国家神道を積極的にすすめたと思っています。

伊藤博文は、「天皇を、西洋のキリスト教のごとく、国家の基軸とする」と述べています。明治政府がすすめた天皇の神格化は、それまでの天皇と明らかに違うものになっています。明治憲法では信仰の自由を認めていますが、明治6年にキリスト教禁止令を廃止し、先に触れたように明治憲法では信仰の自由を認めていますが、一方で、国家神道を中心に、他の宗教には弾圧を加えています。キリスト教そのものにも宣教師の活動を監視するなど十分警戒していたことがわかりますが、なかにはキリスト教に帰依するインテリも生まれています。今も昔もインテリは外国かぶれが多いのです。

そしてナポレオンの如く軍服を着た明治天皇、そして軍服姿の大正天皇、昭和天皇が現れます。明治政府にとってこの姿は非常に重要な意味をもちます。富国強兵のシンボルとなるからです。そして明治以後の天皇はキリスト（救世主）の如く神になります。西洋風の洋装をした天皇になります。ティアラを付けられた皇后が現れます。神道で説いていなかった自己犠牲を最高の道徳と説き、社会奉仕を求めます。まさに欧米におけるキリスト教の如く天皇をキリストに模した「神道」を作り出したのです。そのために国民には、『聖書』で示された「神との契約」という概念はなく、ただただ天皇の神格化が突出した「神道」になっていったように思えます。この神道は、日本の伝統文化に基づいた「神道」ではなく、明治政府が作り上げた特異な「神道」です。もちろん、決してキリスト教のような「神との契約」を示す『聖書』に基づいて生まれた宗教でもありません。

このことが、契約の概念がしっかり入った「ファンダメンタリスト」のような信仰を生まなかった背景の一つだと私は思います。もっとも江戸時代の国学者本居宣長により『古事記』が、研究されており、この『古事記』が神国日本の根拠とされたのです。

鎌倉時代以後の日本では、キリスト教と同じく人々の罪の意識を強調する構造をしている浄土教の影響から、阿弥陀如来の本願による成仏、救済という「心の有り方」に特化した信仰が広がります。これは浄土宗のみならず、浄土真宗や融通念仏宗など浄土系の宗派は勿論のこと、他の宗派にも阿弥陀信仰が広まっていきます。

こんな背景のもとに、神格化した天皇を信仰するというシステムが、日本人には理解しやすかったのかもしれません。しかもそれを仏教ではなく、神道に持ち込んだところが明治のリーダーたちの慧眼だったと私は思っています。仏教は「空」を説き、「無我」を説いていますから絶対神の存在は認めていないからです。(4)

明治に始まったこの神道は、77年後に、日本の敗戦という形で終わりを告げます。

（1）岩倉使節団（平成26年11月14日　フリー百科事典　ウィキペディア）右大臣岩倉具視が特命全権大使。木戸孝允、大久保利通、伊藤博文、山口尚房が副使。明治4年11月12日（西暦12月23日）に出発。同年の7月には廃藩置県が断行される。前例のない国家体制が敷かれようとしているときに岩倉、木戸、大久保といった政府の最高首脳がそろって海外に出かけ、しかも10カ月程度だった予定が、実際には大幅に延びて最後に残った岩倉大使が帰国するまで実に1年10カ月にも及んでいる。（2）江戸時代、水戸藩で成立した水戸学ですでに神仏分離が唱えられており、水戸藩内では廃仏により多くの寺院が解体されている。江戸後期に興隆した国学においても、神仏混淆的な吉田神道を批判して神仏分離を唱える復古神道の主張が広まり、特に平田篤胤系統の一派は、明治新政府初期の宗教政策に深く関与している。廃仏が一挙に拡大したのは、慶応4年の神仏分離令による。（3）どの遷都も権力と癒着している勢力を切り、行政改革の大きな効果を生んでいる。（4）後期仏教である密教では諸天としてインドの神々を導入し、その神々の通力で仏教を守護し、衆生の現世利益に応えようとする。一神教のいう絶対神ではない。諸天は輪廻が解脱できない六趣の一つ。

3. 歌にみる天皇のお姿

明治になって神道が大きく変わったと述べました。ところが一方で、国家神道になってからも天皇の文化、伝統、即ちその象徴としての天皇の姿勢そのものは全然変わっていません。ここが日本教、日本文化の凄いところです。

万葉の昔から続いた国民の平和を祈る天皇のお姿は「富国強兵」、「国家神道」になっても変わっていません。敗戦後に暴力を否定するクェーカー教徒のエリザベス・バイニング夫人の指導を受けられた今上陛下ですら、お正月は歴代天皇と同様に、まず四方拝、一年の災いを祓い、豊作を願う儀式から始めるのです。

歴代の天皇は、荒々しい御歌は詠まれません。国歌をみても、諸外国のように戦うとか、血なまぐさい国歌ではなく、我が国の国歌は永遠の平和を願う「君が代」です。近年は日本ブームが世界で広がっていますが、アメリカ人やドイツ人、サウジアラビア人など外国人に、永遠の平和を願う「君が代」が絶賛されています。(1)

日本では、仏教と神道は共存してきましたが、先に指摘しましたように、明治以後の一時期、国家神道として仏教を排斥しましたが、欧米の一神教の影響を受けた特殊な時代だったと私は考えています。

そんな時代でも、天皇が戦いをあまり望まれていない証しに昭和16年9月6日、対米英蘭戦（太平洋戦争　Pacific War　大東亜戦争）を決定する御前会議において、昭和天皇は明治天皇の御製を詠まれています。

「よもの海　みなはらから（同胞）と思う世に　など波風のたちさわぐらむ」

（四方の海にある国々は皆兄弟姉妹と思う世に

なぜ人々の間に戦争などの波風が騒ぎ立てるのであろう）

加藤康夫氏は、昭和天皇はこの明治天皇の御製にある「波風」を「あだ波」と読み替えられたと指摘されています。この「あだ波」を、「仇波」即ち「敵」を意味し、なぜ「敵国が騒ぎ立てるのか」という意味に解釈されています。それは昭和天皇がこの太平洋戦争の原因をアメリカの対日政策の転換にあったという認識を示されているからです。このことは近年、この戦争についての事実が欧米のジャーナリストから次々にでており、昭和天皇の認識が正しかったことを示しています。

この明治天皇の御製は日露戦争の時に詠まれたものですが、戦争に臨んで、欧州の王族や大陸の皇帝からは、こんな言葉は絶対出てきません。

明治天皇は生涯に十万首詠まれたと言われていますが、道徳的な身の対処の仕方や温かい目線で詠まれているものが非常に多くあります。

古くは古事記や日本書紀に仁徳天皇が人々の「かまど」から炊煙が立ち上っていないことに気づき、三年間租税を免除され、その間、倹約のために宮殿の屋根の葺き替えさえもされなかったという逸話「民のかまど」が載せられています。この精神は今も続いています。昭和天皇が戦後、焼失した宮殿の再建を望まれず、「国民が戦災のために住む家もなく、暮らしもままならぬときに、新しい宮殿を造ることはできない」と、国民の生活向上を第一に考えておられたお姿を昭和天皇の侍従長をされた入江相政氏は述べておられます。そして日本の復興が一段落した昭和60年になって、やっと消失した宮殿に代わる新しい宮殿の造営が始まったのです。歴代の天皇は『万葉集』や『古今和歌集』などに、恋の歌や自然をめでる多くの御歌を残されています。これらは明らかに、明治以後の国家神道のイメージとは違うものです。

天智天皇　　秋の田の　かりほの庵の　苫をあらみ　わが衣手は　露にぬれつつ
持統天皇　　春過ぎて　夏来にけらし　白妙の　衣ほすてふ　天の香具山
陽成天皇　　つくばねの　峰よりおつる　みなの川　恋ぞつもりて　淵となりぬる
光孝天皇　　君がため　春の野に出でて　若菜つむ　わが衣手に　雪は降りつつ
三条天皇　　心にも　あらでうき世に　ながらへば　恋しかるべき　夜半の月かな

崇徳天皇　瀬をはやみ　岩にせかるる　滝川の　われても末に　逢わむとぞ思ふ
後鳥羽天皇　人も惜し　人も恨めしあぢきなく　世を思ふゆえに　もの思ふ身は
順徳天皇　ももしきや　古き軒端の　しのぶにも　なほ余りある　昔なりけり

硫黄島の米国国旗

国歌や国旗が尊重されるのは国民にとって共通の文化であり、連帯感を生むシンボルとなるものだからです。合衆国のような多民族国家、多重文化国家にとっては、共通なものは国歌、国旗、大統領ぐらいのものです。だからこそ国歌、国旗、大統領を大事にするのです。戦前の日本では連帯感を生むシンボルとして欧米にならい国歌、国旗を重視してきました。戦後の日本は先に触れたGHQのマインド・コントロールにより左翼マスコミや左翼系教育労働者が国歌や国旗の法制化に反対していました。しかしながら左翼革命政権であるキューバのカストロは革命後も国旗を変えておらず、国旗をよいものにするかどうかは、これからの国家の有り方にあると述べています。国旗や国歌を否定しても歴史が変わるわけではなく、国歌や国旗は国民の有り様によって評価されるものです。オリンピックなどで「君が代」が演奏されると「日本人である誇り」を感じます。これからの国際化した社会では否応なく国旗、国歌を意識させられますからしっかり国民にとって誇りあるものにすべきです。

太平洋戦争での硫黄島の激戦中に米兵が、擂鉢《すりばち》山山頂に星条旗を掲揚した写真が、この戦争のシンボルとして米国ではよく示されます。

これは当時、硫黄島での米軍の被害が激増し、米国民による戦争継続が危ぶまれているなか、この写真を契機に米国民の戦争意欲が高揚し、最後には米軍が勝利したからです。なぜこの写真がこの戦争のシンボルとなったかは、米国の国歌に関係するのです。米国国歌は次のような歌詞です。

1．おお、見えるだろうか、
夜明けの薄明かりの中
我々は誇り高く声高に叫ぶ
危難の中、城壁の上に
雄々しくひるがえる
太き縞に輝く星々を我々は目にした
砲弾が赤く光を放ち宙で炸裂する中
我等の旗は夜通し翻っていた
ああ、星条旗はまだたなびいているか？
自由の地　勇者の故郷の上に

2．濃い霧の岸辺にかすかに見える
恐れおののき息をひそめる敵の軍勢が
切り立つ崖の向こうで
気まぐれに吹く微風に見え隠れする
朝日を受け栄光に満ちて輝きはためく

星条旗よ、長きにわたり翻らん
自由の地　勇者の故郷の上に
以下3．4．は省略。

長く引用しましたがまさに国歌（星条旗）を地で行く状況を示したものだったのです。世界的にみて、日本の「君が代」のような平和を望むものはありません。石原慎太郎氏が、いみじくも、「〈君が代〉では、オリンピックに勝てねえよ」と述べておられたのは印象的です。多くの国での国歌は戦闘的なものです。

フランスの国歌（ラ・マルセイエーズ）
祖国の子どもたちよ、栄光の日がやってきた
我らに向かって、暴君の血塗られた軍旗がかかげられた
血塗られた軍旗がかかげられた
どう猛な兵士たちが、野原でうごめいているのが聞こえるか？
子どもや妻たちの首をかっ切るために、
やつらは我々の元へやってきているのだ！
武器をとれ、市民たちよ
自らの軍を組織せよ
前進しよう、前進しよう！

我らの田畑に、汚れた血を飲み込ませてやるために！

中国の国歌（義勇軍行進曲）
いざ立ち上がれ　隷属を望まぬ人々よ！
我等の血と肉をもって
我等の新しき長城を築かん
中華民族に迫り来る最大の危機
皆で危急の雄叫びをなさん。
起て！　起て！　起て！　万人が心を一つにし
敵の砲火に立ち向かうのだ！
敵の砲火に立ち向かうのだ！
進め！　進め！　進め！

日本の国歌（君が代）
君が代は　千代に八千代に　さざれ石の　巌となりて　苔のむすまで
なお「君が代」にも、2番、3番があります。

（1）『JAPAN　CLASS』東邦出版　p.8　平成26年12月17日発売

4. 神の位置

日本の神と一神教の神とはどう違うのか。

なぜ遠藤周作の『沈黙』が話題になるのかを考えてみます。

日本における「日本人と神との位置」と、「一神教での神と信徒との位置」は大きく異なります。キリスト教やイスラム教では、神と信徒は、神と信徒個人が直接結ぶ契約関係です。たとえば、結婚式においては、神と新郎と、そして神と新婦が、幸せな家庭を築く契約を個々にするのです。横の繋がりを拘束するものではありません。神はすべての人に公平ですから、個人をベースにした契約になるのです。ですから契約の違反に対する罰は、当然、その個人が受けることになります。牧師や神父は神の代弁者であり、立ち合い人です。ユダヤ教は、神とユダヤ人全体との契約です。違反すればユダヤ人全体が『旧約聖書』にある如く罰を受けるのです。『儒教』も同様で、優秀なリーダーを選ばなければ、人々は塗炭の苦しみにあうのです。どちらも共通しているのは神との個人、または全体との直接の関係です。

一方、日本の神は直接信徒とは関係しません。むしろ第三者としての保護者のような位置に神様がおられます。たとえば日本の神は、結婚式では新婦と新郎、各家族間の報告を受け、その関係を見守る保護者のような位置です。夫婦間や家族間は、いつも神に見られている関係ですから、親が子供に「悪いことをしてはいけません、いつでも神様が見ておられます」とか、「お天道様が見ておられます」という言い方になります。

一神教の場合、横の関係を神は問いません。夫婦であっても、二人の関係をいつも確認する必要がありますから、常に「I love you」を連発しなければならないわけです。なぜなら先に説明しましたようにキリスト教では「愛」を確認する行動様式は示されていませんから、年がら年中、愛を告白する必要があるのです。他の人間関係でも同様で、常にスキンシップを必要とします。壊れやすい関係です。しかし一方で、契約内容以外は問わない普遍性があり、より近代的と言えます。アメリカのジョージタウン大学の創立200周年の記念式典に招待された時です。言語学の世界的権威である当時言語学部部長であったジャイムス・アレティス博士が会う人ごとにハイタッチし、声をかけておられたのが実に印象的でした。

日本の神の場合、夫婦や家族の関係は常に神に見守られている信頼が当たり前の関係ですから、常に「I love you を連発する関係」が不思議に思えるのです。言い換えれば日本の場合、保護者（神）あっての個人ですから、幼児性が残っているとも言えます。欧米のキリスト教の場合はより自立した関係とも言えます。ただ戦後の日本人はどんどんアメリカ化していますから、スキンシップの必要な社会になってきており、アメリカの社会と同様に離婚もまた増えています。

日本の神は、『旧約聖書』や『沈黙』にあるような神様に不平をいう、文句をいう対象ではありません。一神教は神との契約に基づいているのですから、当然、「なぜ」ということが起こってきます。イエスが磔刑を受けますが、イエスが神に「わが神、わが神、なぜ私をお見捨てになったのですか」と（『新約聖書』マルコによる『福音書』15章34節）問います。

米国紙幣　『In God We Trust（神を信じる）』

これは仏教では絶対出てこないセリフです。それは仏が自分自身の心の問題でもあるからです。日本の神は、一神教の神の如く創造主ではなく、仏教の仏の如く心の反映であり、そして自然の太陽の如く信仰の対象であっても、不平や、問い詰めをする対象ではないのです。

一神教の神は創造主ですから、被創造者の人間から、「私はよく契約をまもり、しっかり信仰していますが、なぜ、こんな目にあわせるのか」、「なぜ自分が預言者に選ばれたのか」など、神を問い詰める話が『旧約聖書』にも出てきます。遠藤周作の『沈黙』では、「なぜ神が救ってくださらないのか、なぜ神が答えてくださらないのか」と問うのですが、これは一神教だから起こることです。

日本の神や仏では、神や仏を問い詰めるのではなく、自らが「もっと強く信仰すべき」となってしまうのです。自分自身の「心の有り様」を問うことになるのです。

第四章

宗教と経済活動

1. 見えざる手

近代の経済を発展させ、自然科学を発展させてきた背景には、最初に触れたようにキリスト教があります。一神教の文化では神、即ちエホバとも、ヤハウェとも、アッラーとも、ゴッドとも、デウスとも言いますが同一の神です。その神が宇宙のすべてを創造したとしています。そこでアインシュタインは、神がこの宇宙を作られたのだから、原則があったに違いない。その原則を解明するのが科学だと言っています。またおよそ400年前にそのことをガリレオ・ガリレイは自然界の法則は数学で表せると言ったのです。この考えが仮説、演繹、論証、再現というサイクルを確立させ、近代社会で数学、科学を大発展させたのです。

自然科学を支えているのは、定量化できる基礎情報です。

ニュートン力学では、三つの大原則をみつけています。

第一法則はあらゆる物体は力が作用しない限り静止したままか、等速での直線運動をつづける。第二法則は物体に力が作用すると、同じ向きに加速度が発生する。第三に、あらゆる力の作用には、大きさが等しく向きが反対の反作用が存在する。

この第三法則から「すべては均衡である」という思想を生んだのです。

例えば病原菌があれば、それをやっつけるものも必ず存在する。常に「解」があると考えるものです。この考えが北里大学特別栄誉教授の大村智氏(1)にノーベル生理学・医学賞を与えたのです。それは、アフリカなどの熱帯感染症の特効薬を土壌の微生物から見つけ出したからです。

善が存在すれば悪が存在する。光があれば闇がある。プラスがあればマイナスがあるというすべては均衡であるという二進法の発想が、デジタルコンピューターを生み、情報化社会を発展させているのです。もっともこの二進法の発想は、『旧約聖書』のみならず、ペルシャのゾロアスター教、そしてその前のエジプト文化の中にすでに見られるものですし、中国の陰陽の思想にも見られます。

すべては均衡であるというこの思想は、自然科学だけではなく、社会科学の分野においても通用すると、アダム・スミスは、『国富論』の中で、「見えざる手」という言葉を用いて、市場における価格の需給調整機能に基づいた完全な自由競争の優越性を説いています(2)。

余談になりますが、アダム・スミスの説く自由主義論は、決してフリードマンの示唆する自由放任主義ではありません。自由主義はその当事者の利害の対立を調和させるためには、人間性のなかにある普遍的な原動力である「欲」が、自分の利益に向かって払う努力（自利）と同様に公共の利益を促進する方向（利他）にも向けられるべきだ、その時、初めてアダム・スミスの言う神の見えざる手が働くと言っているのです。これは仏教で言う菩薩道、即ち大乗仏教の説く自利利他と同じ菩薩道のスタンスだと言えます。このスミスの言う自由論こそキリスト教の説く「自由」の本来の意味です。決してすき放題にしてよい自由ではありません。

投機家のジョージ・ソロス(3)は、自然科学と違い、人間には定量化が不可能な「欲」があり、金融工学の計算通りにはいかないと述べています。

（1）１９３５年7月12日生れ。北里大学特別栄誉教授。２０１５年ノーベル生理学・医学賞受賞。（2）『国

富論』第四編第二章（3）1723年6月16日～1790年7月17日。

2. 宗教と経済活動

大乗と小乗

仏教は釈尊から始まった初期の原始仏教、更に小乗仏教（上座部仏教。南伝仏教）、大乗仏教（北伝仏教）、そしてそれらが並存しながらその究極の姿としての密教へと発展していきます。[1]

日本では東南アジアや南アジアで広がった仏教を南伝仏教、或いは小乗仏教と言いますが、この小乗仏教は、大乗仏教を優位にみた大乗仏教側からの呼び方です。

東南アジアや南アジアで広がった仏教を、出家した者しか悟れない小さな乗り物という意味で小乗仏教と呼んだのです。

小乗仏教では釈尊の修行の追体験を重視して、仏教徒は出家して修行をしますから、この小乗仏教は、より釈尊の開かれた仏教に近いと言えます。現在では小乗仏教より上座部仏教と呼んでいます。本稿ではなじみの深い小乗仏教を用います。それは仏教の基本は、まず本人が根本的な悩みに気づき、その悩みから解放される有り方を悟ることですから、小乗仏教こそが仏教の基本的な姿勢だと思えるからです。むしろ大乗仏教こそがおこがましいスタンスだと私は思っています。

小乗仏教では、パーリ語の経典が主に使われています。文語体の言葉であるサンスクリット語の経典もあります。当然、大乗仏教や密教のパーリ語の経典はありません。

一方で中国や日本で広がった仏教を北伝仏教、或いは大乗仏教と呼びます。これは文字どおり、大きな乗り物、多くの信徒を救う仏教という意味です。

大乗仏教の重要な経典である『法華経』には、釈尊が『法華経』を説かれたとき、この経典を信じない人たちがその場を立ち去ったことが取り上げられていますが[2]、おそらく小乗仏教（上座部仏教）を信仰している人たちが、『法華経』の受け入れを拒否していることを指しているのでしょう。小乗仏教（上座部仏教）では、悟りに至るには、釈尊の如く生まれ変わり死に変わり（輪廻転生）して、何世にもわたっての修行の後に悟りに至ると信仰しています。言い換えれば悟りは、結果ではなく目標としているものとも言えます。ところが『法華経』では、この経典を信じたものは必ず悟りに至ると説かれており[3]、小乗仏教（上座部仏教）を信仰している人たちには、この『法華経』の内容が信じられなかったと思われます。

余談になりますが、釈尊の幼名はシッダールタです。これはサンスクリット語で「義成就する」という意味です。釈尊も何世にもわたる過去世において長い修行をされ、その修行の最終段階の世、つまり今生で「悟りを成就される」ことを意味した名前です。この過去世における釈尊の修行については、自らの命を投げ出した捨身供養の話など『ジャータカ（本生経）[4]』に書かれています。

過去世について論証することは科学的には不可能です。しかしながら近年の精神医学では、睡眠療法や瞑想により過去に戻る療法があり、過去世と思える現象に出くわすことがあります。また、この過去世と思える現象を記憶している子供が各地にいます。中国の奥地には過去世を記憶している人たちが住んでいる村もあるようです。

アメリカの州立ヴァージニア大で故イアン・スティーヴンソン博士が創立した知覚研究室では、過去世と思える現象を記憶している子供たちの記録を50年にわたって残し、その検証が進められています。[5] また立花隆氏が、NHKスペシャル『臨死体験　死ぬとき心はどうなるのか』で、医師であり臨死体験経験者でもあるレイモンド・ムディー博士をはじめ多くの科学者の「死後の世界は存在する」という言葉も紹介され、魂の存在を示唆しています。

現代の医学でも、臨死体験や死後の世界への関心が高まっており、「意識の科学」が注目をあびています。20世紀を代表する物理学者であるロジャー・ペンローズ博士と共に研究を続けてきたスチュアート・ハメロス博士（アリゾナ大学意識研究センター所長）は、「人は普通に生きている状態では〝意識〟は脳の中に納まっています。しかし心臓が止まると〝意識〟は宇宙に拡散しますが、患者が蘇生した場合、それは身体の中に戻り臨死体験をしたと言う。そして患者が蘇生しなければ、その情報は宇宙にあり続けるか、別の生命体と結びついて生まれ変わるのかもしれません。わたしたちは皆、宇宙を通してつながっていると考えられるのです」と述べています。[6]

これは荒唐無稽な意見のように思えますが、16世紀にコペルニクスが唱えた地動説のように、それまでなかった考え方は、初めは全く受け入れられなかった歴史があります。実際、唯識のところで触れますが、量子論では量子による「物心一元論」が説明されており、この話は荒唐無稽な話ではないのかもしれません。

大切なことは、不可思議なことに蓋をすることではなく、あくまでも真実を追い求めるその姿勢です。カール・グスタフ・ユングが「私は自分で説明できないものすべてをインチキとみなすという昨今の風潮（近代科学）に組みしない[7]」と言っていますが、これはシャーロック・ホームズの言う「あり得ないことを除いていけば、最後に残ったものがいかに信じられないものでも、実はそれが真実だ」というスタンスでもあります。

また密教のところで触れますが、密教では人間の意識（心）を十段階に分け、その一番奥にアンマラ（菴摩羅）識という意識を見出し、この意識は生きとし生きるすべてものにつながっていると説いています。これはスチュアート・ハメロス博士の言葉を裏付けているものです。

ところで、仏教の経典と一神教の聖典の根本的な違いは、仏教の経典は、釈尊の修行を通じて「悟られた内容」が経典になっていますから、非常に抽象的、あるいは思索的なのです。そのために、その内容をよく考えないと、あるいは経験をつまないと理解できないところが多くあります。たとえば「色即是空。空即是色」です。形あるものも、ないものも永遠ではないということですし、娑婆世界も悟りの世界も同じであるという意味にもとれます。釈尊が生きることの意味を悟られたのですから、この理解には経験や思考が必要です。

一方の一神教の聖典は、神からの啓示ですから、神と信徒の関係や信徒の生き方や生活のあり方が具体的に述べられており、守るか守らないかが問われることになりますので判りやすいと言えます。

インドからの仏教の消滅

インド仏教は、原始仏教から小乗仏教（上座部仏教）へ、更に大乗仏教、そしてそれらが並存しながら密教へと発展していきます。しかしながら仏教の発展とともに、バラモン教から改革した土着宗教であるヒンズー教にその思想を吸収され、徐々にその地位を奪われ仏教は弱体化していきますが、併存していました。ところがインド仏教にとって致命的だったのは、11世紀ころから始まるイスラム教のインドへの侵入です。イスラム教は、唯一神以外は認めませんから、インドに進入したイスラム教徒は、最初はともかく最終的には仏教徒との軋轢を次々に起こし、多くの僧がネパールやチベットに逃れることになります。そして13世紀に入りインドにおいて仏教はほぼ消滅します。

このネパールやチベットへ伝わったインド仏教は、後期密教を含めほぼすべての仏教です。チベット密教[8]では実践を通して後期密教を更に発展させています。またチベット密教の仏像や法具の多くは、ネパールの仏教技術者によって作られています。インド仏教の原典ともいうべきサンスクリット語の経典は、インドではほぼ消滅していますが、チベットやネパールの寺院や一部の古い家系の家々などに残っているようです。

日本に伝えられた仏典は漢訳されたものが中心です。近年になってチベット語の経典が入ってきましたし、パーリ語やサンスクリット語の経典もありますが、歴史的に見れば漢訳経典が中心です。当然、中国文化に合った形に翻訳された部分もあります。特に密教の経典にはその傾向が強いと言えます。それは儒教の影響の強い中国では、密教の経典を直訳することを善しとはしない部分があったからだと思われます。中国では密教寺院でも男女の合体尊などは秘仏とされ、大衆の面前には出されていません。これは日本の寺院でも同じような傾向があります。インドでは男女の合体尊

図　後期密教の男女の合体尊　　北村コレクション

がおおっぴらに祀られています。

残念なことですが、日本にはインド仏教の原典ともいうべきサンスクリット語のすべての経典はそろっていません。例えば密教の中心経典の一つである『大日経』や、大乗仏教の究極の経典と言われ、東大寺の大仏の根拠を説く『華厳経』のサンスクリット語の原典は、全部はそろっていません。(9) 一方、日本で信徒の多い浄土系の宗派の中心経典である浄土三部経の一つと言われている『無量寿経』や密教の中心的経典である『(初会) 金剛頂経』のサンスクリット語の経典はこのネパールで見つかっています。

インド人の考える仏の世界（浄土）とコーランの示す天国

ＢＣ６世紀のころに、ヒマラヤの麓、現在のネパールに住んでいた釈迦族の王子ゴータマ・シッダールタ（釈尊・ブッダ註10）は、王子の地位を棄てて出家します。

インドの王族は避暑のための夏の宮殿、避寒のための冬の宮殿を持ち、侍女や召使に囲まれた最上級の生活をしています。ところが釈尊はその生活を棄てられ、乞食（ホームレス）になられます。そして厳しい修行を積まれた後、アッサッタ樹（後の菩提樹）の下で悟られ、ブッダとなられたのです。

仏教の誕生です。

この「乞食」という言葉は仏教用語です。「こつじき」と読みます。出家者は生産手段を持ちませんから「食を乞う」生活をするのです。在家者がこの出家者に布施することで仏教が成り立っているのですから、仏教にとって布施は非常に重要な仏教の維持システムです。日本では「坊主丸儲け」といいますが、僧侶は生産手段を持たないのが建前ですから、布施によってのみ仏教や寺院が支えられており、この布施は非常に重要な仏教を支える手段となります。日本の寺院の多くは伝統的な建物であり、伝統的な庭園をもっています。現在の社会はストレスの多い社会であり、心の悩みに囚われ、不安になりがちです。そんなときに、寺院を訪れ、本尊の前で座禅を組むのも悪くありません。和尚に相談するのも一計です。また近親者が亡くなったとき、たんたんとお経を読んでくれる仏教の弔いも、亡くなった事実を受け入れやすいものにしています。こんな寺院がなくなり、茶毘にふすだけの葬式が増えていけば、まったく殺伐たる社会になっていきます。自分の生活をちょっと立ち止まって考えさせてくれる宗教は、日ごろ忙しい生活をしている現代人にこそ本当に必要ではないでしょうか。

大寺院や巨大な新興宗教はともかく、一般の寺院では寺を維持していくのは大変です。人手も維持費も修繕費も高くかかるからです。伝統文化を守る、心の休憩所を維持するという心意気で寺院や宗教を信徒のみなさんで支えてあげていただきたいものです。

もっとも『維摩経』には釈迦の十大弟子の一人である大迦葉が維摩居士に「乞食行」について問われる話が出てきます。「乞食行」は布施をする側も、される側も平等の立場で自然のままに行われるべきものだと説いています。

この布施（奉仕）によって支えられているのは一神教でも同じです。もっとも川口マーン恵美氏は、ヨーロッパの、特にドイツでは、州税が教会に払われていることも述べられています[11]。この釈尊によって始まった仏教を支えたのは、インドの商人たちでした。仏教と同じ頃に始まったジャイナ教[12]も同様で、現在でもインドの商人が支えています。インドの経済人には、ジャイナ教の信徒は多いのです。

商人が支えた仏教の浄土観は、当然、商人の理想像である経済色の強いものになっています。たとえば浄土系の経典である『阿弥陀経』には極楽浄土についての記述があります。そこには「幸あるところ（極楽浄土）には、七重の石垣、七重のターラ樹[13]の並木、鈴のついた網によって飾られ、宝石をあまねくめぐらされ、きらびやかで麗しく美しく見える。それは金、銀、瑠璃、水晶の四種の宝石からできている[14]」とあります。金銀ぴかぴかの仏国土だというのです。まさに商人の理想の世界です。

『阿弥陀経』と同様に大乗仏教の初期の経典である『法華経』の第二十五章に『観音経』と呼ばれている経典がありますが、そこには、どんな災難にでくわしても、例えば火事による災難、また商人は通商をしていますから大海での漂流、珊瑚や瑪瑙を取りに海に入ってあう災難、峠など山から突き落とされる、悪人や盗賊に襲われる、政治的な迫害を受ける、毒薬を飲まされる、どう猛な獣に襲われる、蛇や蠍《さそり》に襲われる、雷に打たれるなどの災難にあっても、観音様の救済を念ずれば助かるということが書かれています。当時の商人たちの生活が想像できます。

一方で日本人の美意識は、伊勢神宮に象徴されるように、木に稲穂、玉砂利で構成されたシンプルにして清楚な美しさをもったものです。これは日本の神道が、美しい自然の中、豊富な木の文化、そして稲文化によって支えられてきたからでしょう。また仏教から生まれた茶道でも、「わび・さび」が究極の境地とされます。仏教の浄土観とは異質のものです。

一神教であるユダヤ教やキリスト教には具体的な天国の記述はありません。むしろ具体的に描くことを避けていますが、一神教徒にとっての最終の預言書であるとイスラム教徒が言っている『コーラン』には、具体的な天国の記述があります。「燦々と河川の流れる楽園……影の濃き木陰」(15)とか、「至福の楽園において足下は燦々と河川が流れよう」(16)、「刺のない灌木と下から上までぎっしりと実のなったタルフの木の間に住んで長々と伸びた木陰に流れてやまぬ水の間に豊富な果物が云々」(17)と書かれています。砂漠の社会で生まれた一神教らしい天国の記述です。イスラム教は戒律の明確な宗教で、飲酒を禁止していますが、この天国では、いくら飲んでも酔いつぶれない最高のお酒がふんだんにあるというのです。天国に行けばいくらでも最高のお酒が飲めるのだから、今は辛抱せよということなのでしょう。『コーラン』の説く天国は、自然環境の厳しい「砂漠」の対極をなす世界と言えます。

信用された仏教の出家者

釈尊が生まれられた頃は、古ヒンズー教ともいうべき伝統宗教であるバラモン教[18]が信仰されていました。このインドの伝統宗教を、釈尊誕生以後にその思想を吸収し発展したヒンズー教と区別するために、ヨーロッパ人がバラモン教と名づけたものです。インド文化を決定づけるカースト（階級）はこのバラモン教に由来します。

このバラモン教の中心となる宗教祭軌の実践者であるバラモン（僧侶）について、仏教の初期の経典である南伝仏教（小乗仏教）の経典、『スッタニパータ（経典集[19]）』には、カーストの最上級階級にいる世襲のバラモンについて否定的に「生まれを問うことはなかれ、行いを問え」とか、「生まれによってバラモンになるのではない、行為によってバラモンとなる」など繰り返し出ています。おそらく戒律を守らない人もいたのでしょう。商人は信用を重視します。それは信用により商活動が成り立つからです。バラモンと比べ、仏教やジャイナ教の出家者が戒律をよく守り、商人たちから大変信用され、尊敬されていたのです。先に触れたジャイナ教では、不殺生戒は厳守されており、それを守るために払子《ほっす》を持ち、身体についた虫などをやさしく掃います。また仏教の出家者たちは雨季になると虫が這い出し、それを出歩いて踏み殺さないように庵に集まり（安居《あんご》）、読経などの修行に励みます。払子はインドで生まれた仏教やシーク教でも法要などに用います。

仏教は、その仏教を支えた商人たちが、平和裏に世界にひろめたのです。シルクロード周辺には多くの仏教国がうまれ、その延長上に中国や東アジアに大乗仏教が、また一方で早くから南アジアや東南アジアに小乗仏教（上座部仏教）が広まっていったのです。

仏教はキリスト教やイスラム教に先立ち経済道徳を説いた普遍的宗教です[20]。

ブッダ（釈尊）は仏教徒の経済活動についてはP.46で触れましたように「自分も他人も苦しめない（自利利他）で正当な法によって（人から非難されない行いで）財産を増大させ集積させよ」とあり、正しい行いと倫理的な活動による財の蓄積が奨励されています。そして「勤勉と正しい行いによって得た利益は①次の事業のために、②父や母、妻子や使用人を養うために、③将来のための貯蓄のために、④出家修行者に布施するためにと、四つに分割して用いる」こと、更に「搾取的蓄財を強く非難され、法と非法とを混用して富を求め、盗みや詐欺を働く者、虚言を云い、財を蓄積し歓楽を享受する者は地獄に落ちる」と、『長阿含経（漢訳本）』第四巻などにあります[21]。

近江商人

「ゼロサム社会」であった江戸時代の後に明治の時代がやってきます。

その明治以後の日本の経済発展に大きく貢献した近江商人は、この仏教の哲学を実践し、「三方良し」論を唱えています。先に触れた『初代伊藤忠兵衛を追慕する』のP.42に「投機をさげすみて、〔投機は〕対者のいずれかを損なうに反し、商業道の尊さは、売り買いいずれをも益し、世の不足をうずめ、菩薩（仏）の心にかなうもの」とあり、まさに釈尊の御心を体したものと言えます。この精神は大阪商人の大きな柱となった考えです。大阪ミナミで大正14年に「そば店」を創業し、「うどんすき」で知られる「美々卯」の現相談役の薩摩卯一氏は、「ある店がたいそう流行ったため、近くのライバルのそば店が廃業に追い込まれた。それを聞いた繁盛店主が、〈私とあなたは同業、いわば兄弟みたいなもの。廃業などとんでもない〉と。夜8時になると店を閉め、お客をまわした。この話が伝え広がり、さらに店は栄えた」という。薩摩氏は「自分の店の利益だけを追求するのではなく、同業者とともに栄えようという本当の大阪商人の気性を表していると思いますす」と述べています。(22) 菊田一夫氏の「がめつい奴」が大ヒットし、がめつい大阪商人のイメージがひろがりましたが、本当の大阪商人の気性はこの薩摩氏の言葉にあらわれています。また谷崎潤一郎の『細雪』に描かれているように、船場商人の文化程度は高く、上方歌舞伎や文楽などの上方文化を支えたのは、京や大阪の商人が中心でした。２０１５年亡くなられましたが、人間国宝であった落語家の桂米朝氏の当意即妙の「地獄八景亡者戯」、大旦那に番頭や丁稚がからんだ「百年目」などを聞いていると、その教養の広さ、文化芸能への深さが醸し出され、なぜ「上方」落語と言うのかが伝わってきます。

関西を代表する経済人には、松下幸之助氏や鳥井信治郎氏、佐治敬三氏や山田稔氏がいますが、共に信仰心の篤い経済人であり、大阪商人の精神を継いだ人たちでした。

近江商人ではありませんが、日本資本主義の父といわれる渋沢栄一氏も「私利を追わず公益を図る」人であり、富をなす根源を「正しい富でなければその富は完全に永続することができぬ」と述べ、道徳経済合一説P.50という理念を打ち出しています。[23] 最近は、アメリカから広まったキリスト教文化が生み出したともいうべき1％しか生き残らないという寡占型経済活動や、ピケティ氏が非難している経営者が莫大な給与を取るという欧米型の経営が、日本でも、東京資本の商売として進んでいますが、もし生きておられれば伊藤忠兵衛氏や渋沢栄一氏はどのように感じられるでしょうか。

イスラムの金融機関がリーマンショックでも影響が最小限ですんだのは、イスラムの教えが深く関係しています。イスラム教ではマホメット在命中に、すでに金銭の商品化は禁止されており、あくまでも公正な手段による経済活動でなければならないとしています。これはマホメット自身が、もともと商人であり、商業の有り方をよく心得ていたからだと思われます。しかしながら最近では、利子が禁止されていますので、取引銀行は利子の代わりに、鉄やアルミを売買して価格の差額という形で利子分を受け取るやり方を採用しています。そのために英アーンスト・アンド・ヤング社によると主要国のイスラム金融市場は、２０２０年までに年14％の伸びで、１・８兆ドル（約２００兆円）に達する見通しを示しており、[24] イスラム圏でも金融市場が拡大しています。

豊かな社会が実現する以前の日本では、多くの志の高い商人や篤志家が、「神との約束」というのではなく、その儲けを公共性の高い施設などに寄進しています。それが江戸時代に作られた大阪の道頓堀や淀屋橋であり、また学問の殿堂である懐徳堂などがそうです。明治以後でも、大阪の中ノ島の中央公会堂をはじめ、多くの公共財を寄付しています。戦前に創立した大阪帝国大学は大阪の経済人の寄付で実現したものです。戦前、大阪市が「東京市」より人口が多かったころ、１９３１年に再建された大阪城の天守閣は、市民や経済人の寄付で実現したものです。大阪の天神祭の船渡御も京都の祇園祭の鉾巡行も商人がその信用と心意気で支えてきたのです。その他にまた京都や大阪の公立の多くの小学校は商人の寄付で設立されています。先にあげた渋沢栄一氏も実業界の中でも最も社会活動に熱心でした。

（1）南伝仏教、北伝仏教。仏教には大きく分けて南伝仏教と北伝仏教がある。南伝仏教はスリランカや東南アジアに広がった上座部仏教（小乗仏教）。北伝仏教は中国や日本に伝わった大乗仏教。（2）中村元『法華経』東京書籍「方便門第二」p.57（3）同上『法華経』p.76（4）中村元監修補註『ジャータカ全集』春秋社（5）イアン・スティーヴンソン『前世を記憶する子供たち』日本教文社（6）ＮＨＫ Ｅテレ大阪　モーガン・フリーマン　時空を超えて「死後の世界」はあるのか」2016/5/20 10pm（7）ＮＨＫ『ザ・プレミアム』『超常現象』第1集「さまよえる魂の行方」（8）チベットの密教。チベットなどでは、経典の内容から四つに分けています。一つは所願成就のための所作を中心にしたもので「所作タントラ」系の密教。日本で言う雑部密教です。二つ目は大乗思想の教理面を強く出す段階のもので、「行タントラ」です。その代表経典が『大日経』です。三つ目は更に発展して「瑜伽タントラ」系で、『金剛頂経（真実摂経）』、『理趣経』などがあたります。四つ目はその『金剛頂経』が発展した無上瑜伽のタントラです。この無上瑜伽タントラの代表が『秘密集会タントラ（一切如来金剛三業最上秘密大教王経）（大正18　No.885 D.No.442, 443, 旧訳1844)』で、更に、『ヤマーンタカタントラ』などに発展し、最後は『カーラチャクラタントラ』に行き着きます。この『カーラチャクラタントラ』がインドの仏教の最終となります。なお日本では、日本に伝わった密教を、初期の密教を日本では雑密と呼び、インドでは前期密教と言います。最澄や空海が招来した密教を日本では純密と呼びます。インドでの中期密教です。その後に、インドやネパール、そしてチベットで発展した密教を後期密教と呼んでいます。

（9）中村元『華厳経』東京書籍　p.17（10）釈迦（ブッダ　釈尊）釈迦（釈尊）の実在については、釈迦と同時代の原資料の確定が困難であったが、19世紀の初め頃からアショカ王（BC268年から232年頃まで在位）により作られた仏法を広める石碑がみつかり、この石碑に残された碑文により釈迦の実在が史上初めて証明された。このアショカ王は仏教に帰依し善政をする。インドのみならず、アフガニスタン、ペルシャ、マケドニア、シリア、エジプトなどにまで仏教を広めている。ジャイナ教などの他の宗教も平等に取り扱った。（平川彰『インド仏教史』春秋社　p.130「アショカ王の仏教」より）（11）『住んでみたヨーロッパ　9勝1敗で日本の勝ち』講談社＋α新書　p.109（12）ジャイナ教　BC5世紀からBC6世紀ごろ、ほぼ仏教と同じ頃に起こる。開祖はマハービーラで、ジナ（Jina　ジャイナ。勝者）と呼ばれる。幼名は釈尊と同じシッダールタ。現在も数百万人の信徒がいる。仏教と同じく反バラモン主義運動をすすめる。人生を苦であるとみなすこと、輪廻転生、業、過去仏、解脱、涅槃、戒律（無傷害〈不殺生〉、不妄語、不偸盗、不淫、無所得の五戒・五大誓）を厳守するなど仏教との共通点も多い。一方釈迦が否定した道徳的苦行生活を説く。（仏教語大辞典　p.504　渡邊研二『ジャイナ教入門』現代図書　p.1,8）（13）古代インドではターラ樹の葉を紙の代用にして経典や重要な文書などの記述に使っていた。丁度、エジプトでパピルスが紙の代用として使われていたのと同じ。ターラ樹は大層大切にされていた。（14）岩波文庫青 306-2『浄土三部経』下　p.122（15）岩波文庫青 813-1『コーラン』上　p.142（16）同上　p.332（17）岩波文庫青 813-1『コーラン』下　p.202（18）バラモン教　インドのバラモン階級を中心として発達した民族宗教。ヴェーダを聖典とする。釈尊誕生後に再編されたヒンズー教と区別し、ヨーロッパ人がつけた名前。（19）『ブッダのことば　スッタニパータ』中村元訳　岩波文庫（20）2012年9月4日号『エコノミスト』「仏教と経済」（21）同上。大正蔵一巻　p.70a~72c など（22）産経新聞平成26年9月6日（23）産経新聞平成27年6月11日朝刊（24）日本経済新聞平成28年3月16日。

第五章

密教入門

1. 密教とは「欲」を肯定的にとらえ、仏教の最終段階で発展した宗教

現在の社会は「欲」が、我欲が暴走しています。まさに一神教のドグマのごとく、他者を排し、自我の固まりみたいな社会になっています。

ところが仏教の最終段階で発展した密教は、「欲」を肯定的にとらえ、しかも現代のような我欲が暴走している社会が、仏の世界だと説いているのです。

そこで現代の社会を考えるにあたって密教は何を説いているのか。何を訴えようとしているのか、仏教、特に密教そのものを取り上げてみます。

西暦紀元前後に発展した大乗仏教は、在家主義を徹底して日常生活も出家者に劣らぬ修行の場であると説きます。このすべてが修行になるという大乗仏教の思想は、先に触れたように商人の支援により陸路、海路を通じてシルクロード周辺の国々から世界にひろがりました。そして日本にも伝わったのです。

『西遊記』で有名な玄奘三蔵の『大唐西域記』を見れば、シルクロード近辺の国々に仏教が盛んだったことがわかります。また東大寺の正倉院に残された品々の多くが、このシルクロードを通じて到来したものです。

孫悟空が活躍する『西遊記』は、中国密教の秘伝書です。

『西遊記』では、密教が釈尊の手のひらに乗った教えであることを教えています。その中心として

活躍する孫悟空は石から生まれた猿です。頑固を象徴する石から生まれた猿が、「空」を悟り、縦横無尽に活躍する話です。三蔵法師は経（経典）、律（僧団でのルール）、論（解説書）を修めた仏教の大家に贈られる最高の尊称です。玄奘三蔵は仏教の経典を求めて天竺（インド）に向かう仏教の研究者です。猪八戒は戒を象徴しています。沙悟浄は清らかな悟りを意味する和尚です。内容はたとえの仕方が読めないと、ただの化け物の小説です。

インドから中国に伝わった密教は当時の為政者を大変恐れさせました。そのために唐朝の末期にはひどい弾圧を受けています。そんな弾圧の下で中国密教は、清朝が終るまで千数百年もの長きにわたってこのような形で伝えられてきたのです[1]。

慈悲とは仏さまの広大な愛です

日本に仏教が伝えられたのは公式には６世紀です。

それ以前にも民間には仏教が入っていたと思われますが[2]、公式には、公伝といいます。『古事記』に、そして『上宮聖徳法王帝説』や『元興寺伽藍縁起幷流記資材帳』には５３８年説が、『日本書紀』には５５２年説が記されています。究極の仏教である密教は大乗仏教の最終段階で発展したものです。仏の慈悲に基づいた迷える衆生を悟りに導く衆生済度《しゅじょうさいど》、その衆生済度を金剛（ダイヤモンド）の如き不壊の決意で実行することを密教は求めます。それは救済の場が、誘惑の多い欲界の世界だからです。

この慈悲とは、無差別な、広大な「仏さまの優しさ、仏さまの愛」です。

イエスの説く愛は、この慈悲、無限の愛、密教で言う大愛だと思われます。

この衆生済度の「決意」を金剛に象徴させているように、密教では具体的なモデル、具体的な形、即ち三昧耶形《さまやぎょう》を仏の現れたものとして大事にするのです。この「三昧耶」とは、仏さまが持っておられる一切の衆生を救うという「誓い」のことで、仏そのものを現します。この三昧耶形については、後述の『大日経』のところで更に触れます。

空海は『声字実相義《しょうじ》』の中で、「如来が真理を説く説法は必ず文字による。文字は六根〈眼・耳・鼻・舌・身・意〉の対象となる六境〈視覚、聴覚、嗅覚、味覚、触覚、意識（五感と意識）〉で捉えられる。この六つの本質は、宇宙の真理たる仏の身体（身）、言語（口《く》）、心（意）の不思議な働きにほかならない。如来によるすべての身・口・意の活動は、この世に行き亘り、如来の智慧も身体もすべての所に具わっている。このことを知っている者を仏（大覚）と呼び、迷っている者を衆生と名付ける」と述べています。[3] この世の中は仏の世界だ。そのことが判っている者が覚者であり、判っていない者が衆生だというのです。

修行のためなどに、山などに登るときに「六根清浄」と言いますが、「私の六根は清らかです。お山を登らせていただきます」という掛け声です。この六根の対象となる六塵（六境。感覚と意識）で、如来は確認できるというのです。

このすべては仏の働きであるという認識が密教の基本的な認識です。そしてそのことをわれわれ衆生が認識できているかどうかが重要なポイントとなります。認識できなければ、わからず秘密のままですから秘密の教えとなるのです。この金剛という言葉は『華厳経』にもヒンズー教の経典にもでていますが、金剛に衆生済度（仏の慈悲に基づいた迷える衆生を悟りに導く）の決意を表しているのは密教だけです。

密教経典の『大日経』と『金剛頂経』が生まれる

密教の中心となる経典は、7世紀前半に『大日経』が、後半に『金剛頂経』が現れてきたとされています。日本に仏教が伝えられた6世紀より後に、これらの密教の経典が生まれていることになります。『大日経』や『金剛頂経』は大衆が対象ではありません。衆生済度の前面に立つ出家者（瑜伽行者）を対象にした経典です。一般の人（衆生）には「秘密の教え」なのです。

われわれ衆生には阿弥陀如来の本願を説く『阿弥陀経』のように、阿弥陀如来の絶対的な救済を信じるという実行しやすい説法が有効です。キリスト教も同じ構造です。信じる者は救われるのです。また、『法華経』のように喩えを多く用いた説法は、『聖書』と同様に説得力をもちます。しかしながら、仏教の思想が高度化したために、大衆との乖離が進み、しかも仏教の影響を受け、現世利益を重視したヒンズー教に押され、仏教が衰退しはじめます。そこで仏教では、更に衆生の現世利益を実現させる具体的な救済が必要となってきました。このような状況の中で、インドに古くから伝わってきた衆生済度の方便を「仏教の思想」に基づいて説き直したのが、『大日経』や『金剛頂経』などの密教経典になります。その対象は先に触れましたように大衆と接点をもつ密教行者であり、主に衆生済度の実践者である出家者・僧侶です。

密教の僧侶は、師資相伝《ししそうでん》の衆生済度の方法を授かっている

日本の真言宗や天台宗などの密教の僧侶も、日常の生活は密教以外の仏教の僧侶と何ら変わりません。それは仏教の僧侶の生活が、葬式や檀家制度によって支えられているからです。しかしながら密教の僧侶は、実は師資相伝の衆生済度の方便を秘密裏に授かることになっています。「師」とは仏教の師です。「資」は「師から選ばれた直接伝授を受ける受者」です。そのために修行者が持たされる修行の教本には、間違いが多く書かれており、師が直接、弟子（受者）にその真実を伝えることになっています。間違っても一般にその内容が伝わらないようになっているのです。悪用を避けるためです。

密教の僧侶は、師から密教の思想や歴史に関する事項である「教相」と作法に関する事項である「事相」を学びます。そしてそれらが実行できなければなりません。実行できなければただの僧侶にすぎません。密教の僧侶は、だから単なる仏教僧でいてはいけないのです。

再度、言いますが、密教の僧侶は、衆生を導く金剛薩埵となる「教相」と特に衆生済度を実践する「事相」を学び、それらを実行できる僧でなくてはならないのです。もちろん、この教相と事相は表裏一体のものです。

仏教の分類と経典

仏教は大きく分類すると、小乗仏教と大乗仏教があります。また、経典にもたくさんの種類があり、大雑把にみて、図に示すと次のようになります。

- 仏教（原始仏教）
  - 小乗仏教
    - 『阿含経』
    - 『法句経』
    - 『倶舎論』
  - 大乗仏教
    - 『中論』
    - 『般若経典』
    - 『無量寿経』
    - 『阿弥陀経』
    - 『法華経』
    - 『摂大乗論（唯識）』
    - 『華厳経』
  - 密教（空海）
    - 『大日経』
    - 『金剛頂経』
    - 『理趣経』
    - 無上瑜伽タントラ

日本の密教と浄土教

日本では最澄が、そして空海が、本格的に密教（純密）を9世紀に導入します。

そして平安時代末期から鎌倉時代にかけて法然が浄土教の思想に基づいて浄土宗を興し、更に後に親鸞の浄土真宗が生まれたために、密教の次に浄土思想が生まれてきたように思いがちですが、仏教の歴史からみれば、釈尊による原始仏教に始まり、小乗に、その内容を説く『阿含経』、『法句経』、そして仏教の概論に相当する『倶舎論』が生まれます。そして大乗仏教の誕生とともに「空」を説く『中論』に、『般若経典』が、『法華経』が、そして浄土思想がひろまり、『無量寿経』や『阿弥陀経』などの大乗仏教の経典が相前後して生まれてきます。その後に瑜伽学派による人間の意識を分析し

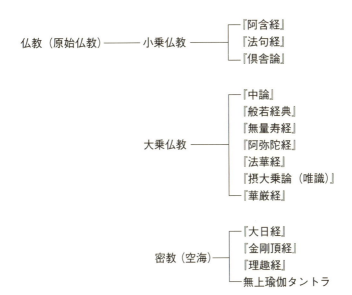

た「唯識論」が生まれたのです。いわゆる「有心論（唯心）」が発展したものです。更に釈尊の悟りの境地とそこに至る道を説き示している『華厳経』が完成します。この『華厳経』は、唯識をはじめとした仏教思想の集大成とも言うべき内容になっています。その後に「密教」が生まれたのです。当然、密教は、華厳や唯識を基にした仏教の最先端の思想をもとにして、まったく発想の違う「事相」を重視した実践行、即ち衆生済度の決定的な実践法を説いています。『大日経』の「教相」を説く「住心品」では、『華厳経』や唯識の影響がみられ、そのことを証明しています。このことは空海が密教の「教相」の説明に『華厳経』を引用されていることからもわかります。

仏教は釈尊（ブッダ）によって始まったものですから、仏教（顕教）の多くの経典の説法者は釈尊です。先に触れた浄土三部経の一つと言われている『阿弥陀経』は、釈尊が、阿弥陀如来や極楽浄土について述べられた経典です。同様に『無量寿経』も、『観無量寿経』も説法者は釈尊です。中国天台宗の智顗《ちぎ》が、後に触れますが、釈尊の人生の最後に説かれた終末経典であり、釈尊が一番説きたい真説と教判した『法華経』の説法者も当然、釈尊です。更に大乗仏教の究極の仏教哲学が説かれていると言われている『華厳経』は釈尊の智慧を表す文殊菩薩や、賢さを表す普賢菩薩などの多くの菩薩や諸天などが、悟られ盧遮那仏となられた釈尊に代わって説法します。なお密教では普賢菩薩は菩提心を象徴し、金剛薩埵と同一視され、最重要菩薩の一人となります。この『華厳経』になると密教を先駆けるように釈尊は、もう直接説法はされません。釈尊の分身が説法されます。

密教の経典の説法者は大日如来

密教の経典の多くは、説法者は大日如来です。後期密教では阿閦《あしゅく》如来(4)になります。言い換えれば釈尊が如来となって説法されているのが密教です。この如来とは、「如」の世界、即ち悟りの世界に留まらず、「衆生済度」のために衆生の世界に「来」ておられる仏のことです。これは釈尊が菩提樹の下で悟られ、その境地を繰り返し味わっておられると、ヒンズー教の中心神である「梵天（ブラフマー）」より衆生済度に赴《おもむ》くよう強く懇請され、以後終生ぶれることなく衆生済度されたその姿を密教は反映したものと言えます。(5)この梵天は密教のマンダラでは、仏教を守護する神になっています。この如来の姿勢を「金剛」にたとえ、釈尊が、不退転の決意をもった如来となって衆生済度されたその姿勢を、密教の衆生済度の姿勢と捉えているのです。

インドでの初期の密教（雑密《ぞうみつ》）は、4世紀頃にインドの伝統宗教の儀式や呪法を導入して始まっています。日本でも空海や最澄が密教を日本に本格的に導入する平安時代以前に、すでに初期の密教（雑密）は入っています。大峰山を開いた役行者（役小角《えんのおづぬ》　634〜701）は初期の密教を実践していた有名な山岳修験者の一人です。

空海は都・奈良の貴族の子弟が対象の官吏養成の教育機関である大学寮に18歳で入学していますが、その大学の教育に飽き足らず、19歳で大学を抜け出し、山谷で修行しています。そして24歳の時に、儒教、道教、仏教を比較した『三教指帰《さんごうしいき》（聾瞽指帰《ろうこしいき》）』を著し、仏教の優位性を述べられています。この修行の間に虚空蔵菩薩の真言を一日1万遍100日間、100万遍唱えるという求聞《ぐもん》持法《じほう》も修めています。そして何よりも修行、体験という実体験に伴う仏教を実感されたのでしょう。

さらに『大日経』に出くわされ、これを契機に長安への留学（804年）を決意されたのです。

密教行者の通力

現世利益を実現させる、言い換えれば衆生の願いを実現させる「通力」を厳しい修行で身につけた密教行者は、いまなおインドや、ネパール、そしてチベットに在住しています。チベット仏教の研究者である正木晃氏は、「［チベットの］密教行者の仕事の最も大切な役割は、畑に植えられた麦を、雹《ひょう》の害から守ることにある。……中央チベットの平均高度が4000メートルという高地なので、自然環境がすこぶる厳しく、麦を栽培する春から夏の時期でも雹が降り、麦が全滅することも稀でない。……そこで、村人たちは、自然現象すらも制御しうる霊力をもつと信じられている密教行者に、雹の害から畑の麦を守ってもらいたい、そのかわりにしかじかの報酬を約束し、……行者は生活の糧を得る」と述べています。(6)

また戦前にチベットに入られた西川一三氏は、「密教行者は、仏教僧としては正規の教育は受けているとは限らない。むしろ大半は受けていない。……仏教者というより霊能技術者、或いは霊能者である。……一般人からすると親しみやすいとはいえず、敬して遠ざけるといった態度が目につく。……チベットの寺院でも彼らが訪れると、茶や食料を与えてかかわりあわないようにしている」(7)と述べており、行者は宗教的力量にも秀でている僧侶からも恐れられていたことがわかります。

（1）張明燈『密教秘伝　西遊記』p.3　張明燈　篠原曠安『密教秘伝「西遊記」と小周天』東明社（2）民間では、公伝以前より、渡来人の間で仏教信仰が行われていたことが知られる。『扶桑略記』には、司馬達等

（しばのたつと）が522年（継体天皇16年）2月に日本に渡来し、大和国高市郡坂田原に草堂を結び、本尊を安置し帰依礼拝したとある。（3）『空海全集』第二巻「声字実相義」p.265「如来の説法は、必ず文字による。文字の所在は、六塵〈色声香味触法・六境〉その本体なり。六塵の本《もと》は、法仏の三密すなわちこれなり。平等の三密は、法界に遍じて常恒成り。五智四身は、十界[※]に具して欠けたることなし。悟れる者をば大覚と号し、迷える者をば衆生と名づく」。※十界とは地獄・餓鬼・畜生・修羅・人・天・声聞・縁覚・菩薩・仏の十種類の境界（境地）のこと。十法界です。この十界の各界とも互いに十界を具えています。十界互具といいます。仏でも地獄や餓鬼、畜生の境地を持っているが、表にはだされません。（4）阿閦如来　密教の説く五智如来の中の四方四仏の一つ。東方。宝幢仏と同体。（5）岩波文庫『ブッダと悪魔との対話サンユッタ・ニカーヤⅡ』p.83（6）『性と呪殺の密教』講談社選書　p.45（7）西川一三『秘境西域八年の潜行（上）』p.46

2. 釈迦の「苦」から、仏教が生まれた

中村元氏は、「サンスクリットのテキスト[1]にはブッダ（釈尊）の感懐として〈あぁ、この世界は美しいものだし、人間の命は甘美なものだ〉という言葉があります。漢訳では、〈この世界の土地は五色もて画いたようなもので、人がこの世に生まれたならば、生きているのは楽しいことだと〉とあります。釈尊はこのとき、もう自分の運命には気づいておられたと思います。此の世を去るにあたって、恩愛の情に打たれ人生というものは奥深い、味わいのある、楽しいものだという感懐をもたれたのです。此処は多分釈尊の率直な感懐が出ていると思います[2]」と述べておられます。

釈尊（ブッダ）が出家された動機、出発点は、生きていることで起る苦しみ、即ち人生の避けがたい苦悩である生、老、病、死を克服することでした。どうして生、老、病、死が苦であるのかと言えば、それは生も、死も、病も、老いも思い通りにも、自由にもならないものだからです。釈迦族の王子としてすべてのものが自由に手に入る環境であったにもかかわらず、その地位を棄ててまでも出家されたのは、そのような地位でも、思い通りにはならない避けがたい苦である生、老、病、死を、いかに克服するかにあったからです。

釈尊の生母は釈尊をお産みになられてすぐに亡くなられます。そして生母の妹、叔母が母親がわりになって育てられます。

奈良の薬師寺、法相宗の管長をされた安田英胤師のお話を聞き、ここからは私の推測ですが、思春期になるまで、そのことをご存じでなかったのではないか。ところがあるとき、自分の産みの親が亡くなっており、今の母は自分の本当の母でないことに気づかされ大ショックを受けられます。

本当の母に会いたい。なぜ死んだのか。さすがに、釈尊はそれでは終わらず、更に人間は、なぜ死ぬのか、なぜ病にかかるのか。なぜ齢をとるのか。それどころかインドでは輪廻転生が信じられていますから、次の世でも同じ苦しみを味わうのかと悩まれたと思います。

仏教には「四門遊出」という釈尊の出家の動機を伝える話があります。(3) 釈尊がある時、城から出られ、老人、病人、死人に出くさわれ、衝撃をうけられます。そして世の無常に気づかれます。そして更に苦しみから解放された出家者に出会い、その清々しさに心打たれ出家を考えられたという話です。この話は、後に創られた仏教神話の一つではないかと私は思っています。

もっとも城から出られて病人や老人に会いショックというのは不思議に思われるかもしれませんが、これは釈尊が誕生されたときに、父の浄飯王は、バラモン教の学者から「この王子は出家され、ブッダとなられ世界の衆生を救済される。もし在家に過ごせば天下を治める転輪聖王となる」という予言を受けられました。父王は釈尊の出家を恐れられ釈尊に社会との接点をもたさず、なに不自由のない生活を送らせていたのです。この釈尊の父王である浄飯王の名前は「清らかな飯の王」という意味ですから、ネパールが日本と同様にお米を重視していた社会であることがわかります。

このバラモンの予言は「未来の王が生まれた」というイエスの誕生時のエピソードとよく似ています。『新約聖書』「マタイ福音書」に、マギ（ギリシャ人はゾロアスター教の学者という）が同じような予言をしているからです。「四門遊出」の話は論理的に納得のいくものですが、私には先にふれました奈良の薬師寺管主（管長）をされた長老である安田英胤師の話の方に実感するものがありました。

釈尊の苦と安田英胤師の経験

安田英胤師の話は次のような話です。師のご母堂は釈尊と同じように、英胤師をお産みになった後の産後の肥立ちが悪くお亡くなりになります。その後、母の妹さんと父上は再婚されます。このようなことは、昔はよくあったことです。しかし英胤師はそのことは全然ご存じなかったそうです。ところが小学校に通っているころに、従兄弟の子どもから「お前のお母さんは本当のお母さんやない。お前のお母さんはお前を産んだあと死んだんや。今のお母さんはお前を産んだお母さんの妹や」という話を聞かされます。

英胤師は、この話を聞かされたとき、衝撃が走り、頭の中は真っ白になったそうです。以後、そのことを、自分を大事に育ててくれている母には確かめられず、悶々とした日々が続いたそうです。そして縁があって薬師寺に入られます。当時の管主（管長）は橋本凝胤師（１８９７年４月28日～１９７８年３月25日）です。この橋本凝胤師は生涯肉食妻帯されなかった仏教者でした。

あるとき凝胤師は英胤師に「お前はお釈迦様と同じ経験をしている。きっと素晴らしい僧侶になるだろう」と言われたそうです。英胤師はこの師の言葉に涙が止まらず、自分のかかえてきた大きな大きな不安が消え去ったそうです。このお話を聞いたとき、きっと釈尊も同じような経験をされ、悩みに悩まれ出家されたのだろうと納得した次第です。実際、英胤師は凝胤師の予言通りに素晴らしい活躍をされています。

「生」が、なぜ「苦」なのか？

次にどうして「生」が「苦」であるのかといえば、勿論、「生」が自分の意思ではコントロールできないものの代表ではありますが、それ以上にインドでは伝統的に輪廻転生が信じられており、そしてインド人はこの世は苦に満ちている、思い通りにならないと考えているからです。死んだ後もまた思う通りにならない苦に満ちた世界に生まれると考え、「生」が避けがたい「苦」の代表になっているのです。現在の多くの日本人には、この「生」が苦である意味がわからないと思います。それぐらい日本は平和で豊かだからです。

自分は貧しく、ひどい環境にいると思っている方は多いと思います。そして生まれ変わったら今度こそは良い生活をしてやろうと思っている方も多いと思います。しかしながらそんな方には「生」は苦ではありません。むしろチャンスです。

ところが、先日、あるテレビ番組で、アフリカのウガンダの難民キャンプが取り上げられ、テロ集団から脱出した若者が出ていました。彼は子供の頃に誘拐され、テロ集団の中で暴行され、殺人を教えられ実行させられてきたそうです。もう二度とあんな所には行きたくないと述べていました。ウガンダなどでは少年や少女の誘拐が頻発しているそうです。誘拐された子供たちは、暴行され、食事も水も自由に飲めず食べられず、そして殴られ蹴られて訓練され、テロに駆り出されます。そして殺人を強制させられるのです。しなければ殺されるのです。

想像できますか。

まさに極貧が生み出した悲劇です。こんな社会に生まれたいですか。まさに誘拐された本人も家族も、それどころか誘拐する側も地獄です。仏教の言う「生老病死」の「生」は、こんな不条理な現象に満ちた社会に生まれる「苦」を象徴しているのです。現在の日本の社会でいう「苦」とは、異次元の「苦」です。「生」を楽観的に捉えられるのは、いかに自分の環境が、平和で素晴らしいものであるかを示している証拠でもあるのです。

釈尊も空海も親鸞も、「苦」を分かちあっている

私たち凡夫は生きている間中、次々に意識・無意識にかかわらず罪を作っています。約束事が守

れず、殺生をし、嘘をつき、人の心をかき乱す罪深い存在です。

空海は、この生きることの苦しみを『秘蔵宝鑰《ひぞうほうやく》』の中で次のように言っています。「生まれ生まれ生まれ生まれて、生の始めに暗く、死に死に死に死んで、死の終りに冥《くら》し(4)」と、煩悩に振り回され、輪廻を繰り返してきた自分たちがいかに何もわかっていない罪深い存在か。

親鸞も『華厳経』の最初の会座で述べられる「罪業深重」の言葉を用いて、「罪悪深重、煩悩熾盛の衆生(5)」と凡夫の罪の深さ重さを述べています。これらの言葉から空海や親鸞は生きることの苦しみをしっかり認識しておられたことがわかります。

釈尊の言う悟りとは、この輪廻転生の循環から解脱し、永遠の静寂を得ることです。これは釈尊が出家され、最底辺の生活を経験されたうえで、自らが罪深い存在として、生きることの難しさを実感されたからこそ得られた悟りの境地だと思われます。高野山真言宗の第四百六世の管長をされた故森寛紹師はあるとき、「すべて無事、これこそ幸せ」と言われたのを聞いたことがありますが、これこそ釈尊が得られた悟りの境地なのでしょう。

インド人は、この世は苦に満ちている、思い通りにならないと考えていますからこそ、哲学や思想を具現化した多くの宗教がインドで生まれたのです。

一方で、生存すらが難しい砂漠で、一神教は生まれているのです。

現在の日本人はこの世はチャンスの多くある良い社会と考えていますから、現世利益を餌にひどい宗教がはやり、そして簡単に騙されるのです。先に触れましたようにこの世を「苦」と見抜かれた釈尊が、その晩年に人生の讃歌を述べておられるとすれば、まさにここに欲を肯定し、煩悩を衆生の救済（衆生済度）の強力なモティベーション（菩提心）とみる密教の立つ根拠があるように思えます。

（1）『ブッダ最後の旅（大パーリニッバーナ経・大般涅槃経）』岩波文庫　p.66　増谷文雄『阿含経典3』ちくま学芸文庫　p.371（2）『ブッダ入門』中村元　文藝春秋　p.206（3）『雑阿含』６０４　大正蔵０2　p.167上　増谷文雄訳『阿含経典3』p.126）（4）『秘蔵宝鑰』p.6　『空海全集第二巻』筑摩書房（5）『歎異抄』第1条

3. 仏教の経典と教判には、何が書かれているのか

膨大な仏教経典と釈尊

仏教には、釈尊滅後に膨大な経典が生まれています。「八万大蔵経」、或は「一切経」と言われているものです。

日本や中国をはじめとする漢訳仏教圏では、宗派を興すにあたり、この膨大な経典を「教相判釈（教判）」して、即ちその相（内容）によって高低、浅深を判定し、自分の宗派はどの経典に根拠をおくかを示します。先に触れた中国天台宗の創設者智顗[1]の教判は有名です。

智顗はすべての経典を、釈尊の一生を五つの時期に分けています。

華厳時・阿含時（鹿苑時）・方等時・般若時・法華涅槃時の五時です。そして教えをうける人のレベル（機根）に応じて八つの教えに分けたものです。

これを五時八教[2]の教判と言います。それは釈迦が最初に『華厳経』を説き、その教えが難しかったために次に生活実感のある『阿含経』を、更に人々の理解に応じて、仏や菩薩を集めて大乗の教えを説かれた『大方等経（大集経）』や『般若経』、そして『阿弥陀経』などを説き、最後の八年間に『法華経』と『涅槃経』を説いたとする教判です。そしてこの最後に説いた『法華経』こそが釈迦が最も説きたかった真説であるとしました。『涅槃経』はその『法華経』を聴けなかった人たちのために説かれたものだというのです。内容的には優れた教判ですが、この説は現在では否定されていますが、大乗仏教に大きな影響を与えた教判です。

最澄は此の説を日本に導入し、日本の天台宗を創設しました。

後に日蓮もこの説を信じて『法華経』こそ最高の教えとしました。そして日蓮は叡山で修行した法然や親鸞が『法華経』を棄て、阿弥陀仏の救済を説く浄土思想を広めたことを非難したのです。もっとも日蓮は、この浄土宗のみならず、既成宗教をすべて否定し、日蓮宗こそ救国の宗教だと断じています。

空海と教判

教判には、この智顗の教判のほかに華厳宗の教判、三輪宗の教判、法相宗の教判、浄土宗の教判、日蓮宗の教判などもあります。難易、聖俗などに基づいた教判です。

空海も教判を示しています。それが顕教と密教との違いを述べた『弁顕密二教論』であり、心の有り様をレベルに応じて述べた『秘密曼荼羅十住心論』とその要約の『秘《ひ》蔵《ぞう》宝鑰《ほうやく》』です。

何度もふれましたが、一神教の経典は、神からの啓示に基づいた『聖書』です。ユダヤ教徒には『旧約聖書』です。キリスト教徒にはこの『旧約聖書』と『新約聖書』です。イスラム教徒には、最も中心となる聖典が『コーラン（クアラルーン）』であり、マホメット（ムハンマド）の先例を記された『スンナ』や言行録である『ハディース』です。そして『旧約聖書』も『新約聖書』も重要な預言書として認めています。

一方で仏教は「八万大蔵経」です。

江戸時代に富永仲基という町人学者が、そして明治に入ってからも教育者であり仏教史学者であった村上専精などが「大乗仏教非仏説」を唱えています。

ではなぜこのように教判を必要とするほどの膨大な経典が生まれたのか、を考えます。

（1）智顗（538年～597年）中国天台宗の実質の開祖。（2）五時八教。八教は教え導く四つの形式（化義）と四つの教えの内容（化法）に分けたもの。五時は、釈尊の一生涯の説法を五つの時期、即ち華厳時（『華厳経』）、鹿苑時（『阿含経』）、方等時（『維摩経』、『勝鬘経』など）、般若時（『般若経』など）、法華涅槃時（『法華経』、『涅槃経』）に分けたもの。

4．仏法とキリスト教の違い

一神教は神の教え（命令）が説かれたものです。ユダヤ教、キリスト教、イスラム教は神が命じた教えに基づく宗教です。

仏教は「釈迦教」とは絶対言いません。釈迦の教えではないからです。釈迦が見つけられた「法」を説いたものです。「法」とは人々が幸せになるための人間社会の普遍の法則（真理）のことです。だから本来は「仏教」ではなく、「仏法」と呼ぶべきものです。

神と預言者と救済者

ユダヤ教、キリスト教、イスラム教は、神が命じた教えですからモーゼ教とも、マホメット（ムハンマド）教とも、イエス教とも言いません。モーゼもマホメットも神の意思を伝える預言者にすぎません。ただキリスト教はイエスをキリスト（救済者）と認めた宗教ですからキリスト教と言うのです。『旧約聖書』には、この世の終末期に救済者（ヘブライ語でメシア。ギリシャ語でキリスト）が現れることが予言されています。(1) もっとも当時のユダヤ人たちは、自分たちを安全に守ってくれる王の出現を求めていたと思われます。

マックス・ウェーバーも大著『古代ユダヤ教』に、ヤハウェは救済と約束の神であったが、救済や約束といっても現実政治的な事柄に関してのことであって、内面的なことではなかったと述べています。ところがその内面的な心の有り様を説くキリスト教はイエスを救済者として認めた宗教なのです。(2) 先に触れましたように、ユダヤ教徒もイスラム教徒もイエスを救済者（キリスト）としては認めていません。神ではなく、イスラム教ではイエスを預言者の一人としています。しかしながら、ユダヤ教ではイエスを預言者の一人とさえ認めてはいません。

仏教が一神教と根本的に異なるところは、一神教では、信徒が神になることは絶対ありません。一神教では、人間はどこまでも神の被創造物にすぎないのですから、絶対、神にはなれないのです。仏教では、人間である釈尊の如く、すべての衆生は、世の真実に目覚めたときには、自身がブッダ（仏）となります。ここが一神教と根本的に違うところです。釈尊は仏となった第一号です。だから「本初仏」とも言うのです。また「一切皆空」ですから絶対不変の「神」の存在を認めません。当然、「自我」も認めていません。

（1）『聖書』新共同訳『旧約聖書』「イザヤ書」p.1071など（2）『聖書』新共同訳『新約聖書』「ルカによる福音書」p.100等

5. 瑜伽《ゆが》による仏典

仏典の条件

仏教では釈尊滅後に膨大な経典が生まれています。

では、それらが仏教の経典として認められる条件は何でしょうか。

それは、何を説いているかによって決まってくるのです。

仏教の説いている基本テーマは、一切が「空」であり、すべては「衆縁和合」によって現れたものであるという思想です。この衆縁和合というのは、すべての現象は絶対的な神による創造ではなく、もろもろの縁起によって「生まれ」、「消滅する」という考えです。
これらの思想に基づいて、経典が次の六つの法を説いているかどうかによります。
i）因果　　　　　結果には原因がある
ii）諸行無常　　　一切は永遠ではない
iii）諸法無我　　　自我は存在しない
iv）一切皆空　　　すべては空である
v）四諦（四つの真実）苦・集・滅・道という四つの真理
vi）八正道　　　　正しい生き方について。後に六波羅蜜多になります。
この六つのテーマを説いている限り仏典となるのです。
この「四諦」・「八正道」が、釈尊の最初の説法だと言われています。
四諦の「苦」は、この世はすべて思い通りにならないこと。「集」は、苦の原因となるものを求める飽くことのない執着のこと。「滅」は、その執着を完全に滅した状態です。「道」は、執着を滅する八つの正しい有り方（八正道）です。釈尊は自分もこの八正道を実践して悟りを開いたと述べられています。大乗仏教では六波羅密多に集約されていきます。仏教は小乗仏教でも、大乗仏教でも、密教でも全く同じテーマを説いています。だから仏教で、くくることができるのです。

仏典の形式（六成就）

具体的に見ていきましょう。

諸経の王と呼ばれている『法華経』の冒頭には、

「是く如く　（信成就）
我聞けり　（聞成就）
一時　（時成就）
仏　（教主成就）
王舎城・耆闍崛山《ぎしやくくっせん》[1]の中に住したまい、　（処成就）
大比丘衆万二千人と倶なりき」　（衆成就）

（私はこのように聞きました。ある時、釈尊は王舎城の近くにある耆闍崛山に説法をするためにおられました。出家者たちが一万数千人集まっていました）

とあるように信、聞、時、主、処、衆の六つの条件、即ち六成就（六事成就）を具えたものが仏典となります。ただ時だけは「ある時」と特定していません。これはインドの伝統に基づき仏教も輪廻転生を認めているからです。

密教経典は最初の「是の如く我聞けり」を信成就とし五成就になっています。後に触れますが密教経典は如来が自身に述べるわけですから聞成就は必要ないわけです。

『般若心経』のようにこれらの諸条件が書かれていない経典もあります。後に触れますが、『般若心経』は経典というより呪（まじない）というのが正しいのかもしれません。

大乗経典、それは密教の経典も含めて、同じテーマのものが、『阿含経（アーガマ）』などの初期の経典の中にもあります。

口伝などで受け継がれてきた経典

例えばこの『法華経』には『法華経』の信者が、将来、仏になることが述べられていますが、『阿含経』にある『大パーリニッバーナ（大般涅槃経）』には、厳しい修行から出てこられた釈尊に醍醐（最高の乳製品）を捧げたスジャータが、将来、仏になる話がすでにでています。[2] この『阿含経』は一つの経典ではありません。パーリ語の『スッタニパータ』、『テーラガータ』、『サンユッタ・ニカーヤ』などの経典群です。約5000もの話が残されています。岩波文庫に中村元訳で『ブッダのことば』、『ブッダの真理のことば・感興のことば』など7冊にまとめられています。

このパーリ語は、スリランカからタイに至る小乗仏教（上座部仏教）諸国で仏教経典（南伝大蔵経）の言葉として用いられてきました。

先にふれた現在のインド、パキスタン等へのアレキサンダー大王の侵入後のBC2世紀後半に、西北インドを支配していたギリシャ人であるミリンダ王（メナンドロス帝王）と仏教僧ナーガセーナとの仏教教理に対する問答『ミリンダ王の問い』として残されています。

小乗仏教でも重要な経典の一つです。そこには大乗仏教の一番基本となる「慈悲心」について釈尊の言葉で「比丘たちよ、〈生きるものたちに対して〉慈悲心を起こし、心の束縛を離れる禅定が実習され、修習され、繰り返し修せられ、……十一の利益が期待される」とあり、小乗でも大乗仏教の大きな柱である慈悲心の重要性を取り上げていたことが判ります。[3]

アレキサンダー大王のインド侵入後に、ガンダーラ、現在のアフガニスタン東部からパキスタン北西部あたりで、ギリシャ文化の影響を受けて、ブッダ、釈迦菩薩（修行中の釈尊）、観自在菩薩、弥勒菩薩などの仏像が初めて生まれています。

仏教の経典の冒頭に「是く如く我聞けり」とありますように、仏典は口伝で伝わったことになっています。あの膨大な経典が口伝でと言われても、ピンときませんが、『古事記』が、稗田阿礼が暗記させられたものから生まれたと伝えられているように、(4)古代には想像を絶する暗記力をもった人がいたのかもしれません。

東京大学名誉教授の養老孟司氏は、「猫や犬は言葉が使えない。これは深い意味がある。劣っているのではなく、それを補う能力が偏っていて、犬の臭覚は人の一万倍発達している」(5)と述べておられますが、暗記力の非常に優れた人が、古代にはおられたのでしょう。また新興宗教の教祖には文字を知らないのに「お筆先」と称して自らの手による神の膨大なお告げの文章を残している人もいます。天理教の中山みきや大本教の出口なおなどがそうだと言われています。これも特殊な能力が発達していた証でしょう。また経典を、頭《とう》をとる人について読誦していくのは、経典を伝える方式の一つの形式だったと思われます。

真言宗と加行《けぎょう》

真言宗では、先に触れましたように出家者は僧侶（金剛薩埵）となるための「加行《けぎょう》」を行います。この加行では、膨大な数の陀羅尼や真言を覚えさせられます。そのために修行中の毎日、集中して長い陀羅尼や真言を、時には一万回以上も繰り返し唱えさせられます。そこで真言宗の用いている数珠は108の珠からできており、108回数えれば、小玉を繰り上げなどして、一万回数えることのできるようになっています。

これらも経典を伝える方式の一つだと思われます。

輪廻転生を考える

インドでは瑜伽が重視されます。

優れた瑜伽行者、徹底した瞑想により、釈尊の言葉を聞いたり、釈尊と同じ境地に至ったり、また過去世を知ることができたのかもしれません。その釈尊と同じ境地を得た瑜伽行者が経典を感得したのではないかと思われます。

大乗仏教の後半に発展してきた密教でも最重要修行は「瞑想」です。

空海は『般若心経秘鍵』の冒頭で、「無辺の生死いかんが絶つ。唯、禅那、正思惟のみあってす」とあり、いかに瞑想を重視されていたかが判ります。中国で生まれた「禅宗」は文字通り、瞑想の宗教であり、中国の密教ともいえるものです。

人間の右脳と左脳の機能差とは?

人間の脳には右脳（右脳領域）と左脳（左脳領域）があります。

養老孟司氏は例外もあると指摘されていますが、左脳に言語中枢がある人が多いことから、左脳は理屈や理論的なものを考えているときに活発になります。一方、右脳は感覚を働かすときに活発になる割合が多いことが観測されています。もっとも左右の脳は幾重にも繋がっており、どんな事象にも左右の脳が同時に機能しますから、厳密に左脳、右脳と分けるのは無理がありますが、ここでいう右脳力というのは右脳が関係している割合が多い感覚や霊感に基づいたものを指し、左脳力とは左脳が関係している割合が多く言語や理性、論理性に関係しているものを指すとします。

古代では、右脳力が関係している割合が多い感覚や霊感に基づいた判断が重視され、日本では卑弥呼や台与（臺與）のような霊能力のある右脳力の強い人物が力をもっていました。おそらく、釈尊も、モーゼも、イエスも、ムハマンドも右脳力の優れた方だったと思われます。現代でも優れた経営者には、信仰心の篤い、カンの鋭い右脳力の高い方が多いように思います。

近畿日本鉄道会長であった山口昌紀氏は常務の頃に神職の資格をとっておられます。山口会長は「鉄道の事故は、運転手のこころの教育、十分な訓練は勿論、運行計画者の詳細な準備、関係者の心構えなどによって事故を防ぐ最善の努力をするが、それでも事故は人知の及ばない原因で起ることがあります。そのために私は、毎日、毎朝、神さまに事故の起らないことをお願いすることから始めるのです」と仰っています。理屈を超えた心の準備から毎日を始めておられるのです。すごい経営者と言えます。

チベットではダライ・ラマやパンチェン・ラマ、そしてリンポチェ（活仏　註6）などの死後、その輪廻転生者（生まれ変わりの者）を見つけ出す伝統があります。その発見には、論理的な左脳力の能力ではなく、感性やひらめきを司る右脳力の能力によるものと思われます。

輪廻転生と右脳力

アメリカの映画に『リトル・ブッダ[7]』というブータンにいるチベット人で、亡くなったリンポチェ（活仏）の輪廻転生者（生まれ変わり）を見つけ出す映画があります。監督は「ラストエンペラー」で名を馳せたイタリア人のベルナルド・ベルトリッチです。チベットでは、生まれ変わった人物を見つけるのに、高度の修行を積んだ修行者が、チベットの占星術や瞑想により輪廻転生者が生まれてくる方向、日時を見いだします。そして指名された弟子が、何年にもわたりそれらの条件を満たす人物を探すのです。

この映画ではダライ・ラマの師であるドルジェ師の死後の輪廻転生者（生まれ変わり）を、ドルジェ師の死後、9年目に見つかった設定になっています。「ラマ」とはチベット仏教の指導者のことです。ドルジェ師が亡くなり一ヶ月経った頃に、アメリカのシアトルにいるチベット僧であり占星術師であるケンポ・テンジン師が夢の中で、ドルジェ師が自分の前を歩き、生まれ変わりが生まれる場所を指差す夢を何回も見ます。そしてその地がその夢を見た数ヶ月後にシアトルの郊外にあることを発見します。

その場所には建築家が住んでおり、しかもドルジェ師が亡くなった一年後に、ジェシーという少年がそこに生まれています。その生まれた日時が、ドルジェ師が生まれ変わると予言されている日時なのです。ジェシーの母親は数学の先生で、論理性がしっかりしている人物です。

この息子が、ドルジェ師の輪廻転生の人物の候補という設定で話はすすんでいきます。

ここでこの映画の事実関係を検証しようというのではありません。

この映画では更に二人の候補者が見つけ出され、最終的にどの子供が、ドルジェ師の生まれ変わりであるかが決められます。

その際に、その子供の性格は勿論のこと、かつてドルジェ師が使っていた器や帽子、さらにドルジェ師しか解りえない情報を用いてチェックされ、最終的に一人に絞られていくのです。ただしこの映画では三人ともドルジェ師の生まれ変わりだと認められます。それは密教では身・口・意と三つの分野ですべてのものが現れるという考えがあるからです。

漢訳では、その現れた現象を「無尽荘厳《むじんしょうごん》」という言葉に訳しています。

この輪廻転生後の人物を見つけ出す方法は、このドルジェ師だけではなく、ダライ・ラマも、パンチェン・ラマも、また他の有力なラマについても行われています。

この輪廻転生後の人物を見つける方法は、左脳力による論理思考で行われるのではなく、右脳力による閃きや、神通力による方法によるものと思えます。

キリスト教文化が生んだ近代社会は、まさに「神がお与えになった」人間のもつ理性を信じ、公正な競争による経済の発展を生み、再現性に基づいた科学を発展させてきました。まさに左脳力文化を中心に近代社会を生み、成功させてきたともいえます。もっともキリスト教では奇跡を認めていますから非論理的な右脳力も重視しています。

この「再現性」とは同じ条件で取り組めば同じ結果が得られる、言い換えれば数式で表されるということです。

ところが仏教はもともと最も論理的な宗教で、因果思想に見られるように、原因、結果を考える宗教です。ニーチェは「仏教は私たちに示す唯一の本来的に実証主義的な宗教である」[8]とまで述べてはいますが、一方で仏教は瑜伽に象徴されるように右脳力文化が生み出した宗教とも言えるのです。[9]

右脳による体験

右脳力を表すアルファー波によるこんな経験を私はしたことがあります。

瞑想を学んでいるときのことです。

瞑想をしていますとしばらくすると脳からアルファー波やシーター波が出てきます。これをチェックする器械もあります。あるときその指導者が次のように述べられました。「貴方は自分の意識で友人の身体の中に入り、その方の病気を見つけてください」というのです。友人の一人が蓄膿とリュウマチに悩んでいるのを思いだし、意識で彼の身体に入ってみました。頭から鼻と全身をチェックすると鼻の右側、右の肩は色づいているように思い、あくる日にその友人に「お前、蓄膿は右が悪いやろ、リュウマチは右肩と違うか」と言ったところ、友人は飛び上がらんばかりに驚き、その通りだというのです。またこんなこともありました。その指導者が「横浜にいる方ですが、その方がどんな方か見てください」というのです。同様に瞑想に入り、その方のことを探ると、脳が現れ、しかも真ん中で割れてみえます。そこで私はそのことをその指導者に言いますと、「その方は精神的に悩んでおられる方です。そして頭髪を真ん中から分けておられます」と言われたのです。

これらをどう考えるかは各自の問題ですが、少なくとも左脳力の理解と違う世界が瞑想の世界にはあるように思えます。

瞑想や瑜伽は、右脳力を高める

厳しい修行を積んだ優れた瑜伽行者には、釈尊と同じ境地が体得できたり、中には亡くなった釈尊と意識の交流をする人までいるのです。これを信じるかどうかという問題がでてきますが、先に触れたようにこんな能力を開発された瑜伽行者が、釈尊が体得された境地をあらわす経典を次々に残したものと思います。亡くなられた釈尊と意識の交流をするというのは理解の難しいところです。

ところが、キリスト教徒である欧米人のすごいところは、「亡くなられた釈尊との意識の交流」という考えを、頭から迷信として無視しないところです。再現性を重視した科学的思考で捉えようとするところです。そして後期密教の実践が進んだチベットに行って、深い経験を持つ行者と同じ修行をして、彼らの経験を実体験したり、更には宗教、あるいは信仰という範疇を超えて、瞑想により得られる世界を一般人が経験できるようにと取り組むところです。実際、その成果が、アメリカのロバート・モンロー(10)が開発したヘミシンク(11)という音響技術を用いて、同じ経験が可能になっています。

またデミ・ムーア主演の『ゴースト』という映画の中で、空中を1セントの硬貨が移動するシーンがでてきますが、こんなことはありえませんが、映画を見ている者には、その移動シーンを実感させられる展開になっています。右脳力の現象を左脳力でできるかぎり納得させようとする展開になっています。この映画を見ていて、アメリカ文化の凄さが私には感じられました。

チベットに『死者の書』という臨終の人に起こる現象を詳細に描いた書物があります。そこには臨終を迎え最初に光、それは成仏を導く仏を感じる光です。そしてそれを邪魔しようと誘惑してくるいろいろな色の光が見えてくる様子が書かれています。この光を感じる経験は瞑想でも初期の段階で経験します。ところが面白いことに、チベットやネパールの瞑想行者は、更に深いレベルを求めて瞑想を続けるのですが、欧米人はこの「光」を見た瞬間から、先に進めない人がいます。これは想像ですが、この光を、神の啓示と取り、それで満足してしまうのかもしれません。

（1）耆闍崛山　古代インドのマガタ国の旧王舎城から東3キロの所にある霊鷲山にある洞窟。釈尊がここで説法されたと言われている。（朝倉書店『仏教の事典』）（2）『大パーリニッバーナ（ブッダ最後の旅）』p.48（3）『ミリンダ王の問い2』東洋文庫15　p.198（4）『古事記』の序に稗田阿礼に、「『帝皇日継』（帝紀）と『先代旧辞』（旧辞）を誦習せよ」と命じたとある。（5）『こころの時代～宗教・人生～「自分とは（自分を超えて）　ＮＨＫ　Ｅテレ大阪　２０１６年1月30日（6）リンポチェ（活仏）優れた僧に与えられる尊称。パンチェン・ラマはインド語（サンスクリット語）とチベット語の合成語。パンはサンスクリット語でパンディタ、先生の意味。チェンはチベット語で大の意味で、サンスクリット語のマハーですから、パンチェンは大先生の意味。チベットでは輪廻転生を信じていますからダライ・ラマに選ばれた者の指導をパンチェン・ラマがしていたのが始まりと信じられています。（7）「リトル・ブッダ」監督ベルナルド・ベルトリッチ。１９９３年イタリア、フランス、リヒテンシュタイン、英国合作映画。（8）『反キリスト者』ちくま学芸文庫　p.188仏教は客観的に問題を設定するという遺産を体内に持っており、何百年と続いた哲学運動の後に現れた。

仏教が現れたときには、「神」という概念はすでに除去されていた。p.188（9）ギリシャ正教には「ヘシュカズム」、イスラム教には「スーフィズム」という瞑想の世界がある。グノーシスの流れとして初期キリスト教の外典「トマスによる福音書」などは禅の世界を連想させる。（10）アメリカ人　20世紀最高の体脱能力者。１９７１年にモンロー研究所を創る。意識の体外離脱や臨死体験など人間の意識拡張に携わってきた。１９９５年死去。モンロー研究所の日本支部が東京などにある。坂本政道が日本代表。（11）ヘミシンク　左右の耳の音のキャッチのずれを人工的に作り出し、平常ではつかめない未知の感覚を引き出す音響技術。

6. 空海の教判

十段階のレベル

では空海はどんな教判を示されたのか。

それは先に触れたように、密教と顕教の違いを明確にした『弁顕密二教論』、そして人間の心のレベルを十段階で示し、真言密教こそが最高の境地であることを示した『秘密曼荼羅十住心論』（以下『十住心論と略す』）、そしてそれを要約したものが『秘蔵宝鑰』です。

『弁顕密二教論』では、密教と顕教の違いを述べ、密教は仏の秘密の教えで、最も奥の真実の教え、顕教は説法を聞く人のレベルに応じた教えとされています。

そして大日如来のように法そのものを仏と捉えた法身が説法するのが密教としています。更に衆生済度のレベルに合わせて現れた応化身が説法するのが顕教としています。なお行を終え、悟りを開かれた釈尊などを報身とも言います。

『秘密曼荼羅十住心論』では、欲望のまま行動するレベルの「第一住心」から「第九住心」までに当時の思想を当てはめ、最後の「第十住心」に密教を置いています。その「第九住心」には、仏典の最高峰といわれる『華厳経』の教えを置き「極無自性心」を説いた経典としています。「極無自性心」とは「自性心」が「極無」のものです。

空海は、『華厳経』の教えを第九住心に置き、当時の思想の中で最大の敬意を表しています。仏教思想の到達点としています。

インドの宗教であるバラモン教[1]では、自我（アートマン。我）を認めています。人間の輪廻転生する主体が自我であるとしています。自我とは自分と他人を区別する自分を在らしめ、自らの性格たる自性心を成り立たせているものです。西洋思想では最も重視しているものです。近代社会の中心となる考えです。

ところが、釈尊はその自我を否定され、無我を説かれたのです。釈尊は「一切皆空」という「法」に基づき自我を否定されたのです。近代の社会でいう自我は、終末思想を説く一神教が生み出したものだと養老孟司氏は指摘されています。それは最後の審判に出る主体が自我だと考えられているからです。

『華厳経』が第九住心なのは、なぜなのだろう？

では、なぜ大乗仏教の究極の経典とされる『華厳経』を第九住心に置かれたのか。少し『華厳経』をみてみます。

『華厳経』は三つの主題から成り立っています。

第一は「存在するものは、すべて心の表れである」という思想で、唯識《ゆいしき》の思想に基づいています。この唯識は後に触れます。

第二には、「小は大であり、一つはすべてである」という思想です。「一即多。多即一」です。例えば、一人の学生が事件を起こしますと、その学生個人の事件であっても、その学生が所属している学校そのものが非難されます。彼が所属しているあの学校は良くないという具合です。評判の良い学校は、どんな学生でも素晴らしいと思われます。

第三は、「初めが終わり（終点）である」という思想です。

清風学園では「１００キロ歩行」という行事があります。大阪の上本町六丁目、近鉄本社の近くにある清風学園から和歌山の高野山まで寝ずに歩く行事です。この１００キロメートルを歩く行事も、最初の一歩が高野山の頂上に繋がっています。この最初の一歩なくして頂上へは行けないのです。

経典は七つ場所（会座）で展開する

最初の二会座（場所）は地上で、一番目は釈尊が悟られた場です。釈尊がガヤ（後のブッダガヤ）で、アッサッタ樹（後の菩提樹）の下で初めて正覚を成じられたことが述べられ、毘盧遮那仏《びるしゃなぶつ》となられます。つぎの会座も地上で、祇園精舎だと言われています。

次の第三の会座から、第六の会座までは心象を天の会座に移します。

そして最後の二座は、また意識を地上に戻して説かれます。もっとも釈尊は盧遮那仏《ろしゃなぶつ》となられ直接説法されません。釈尊の応身である文殊菩薩や普賢菩薩など多くの菩薩や多くの神々が心中を話されます。

最後の会座では、東海道五十三次で有名な善財童子（修行者）が多くの賢者（師）に会う求道の旅です。

最初の会座で、盧遮那仏（釈尊）は、光あふれる悟りの場におられたままで、あらゆる世界を照らされます。そこで、なぜ仏が現れたのかについて、毘沙門天が「衆生の罪けがれ甚だ深くして、万千劫（永遠に）のあいだにも仏を拝みたてまつらず、生死《しょうじ》に輪転《るてん》してもろもろの苦しみを受ける。仏はこれらを救う為に、世に現れたもう[2]」と述べられます。

出家前と出家後の歩みとは？

以下、盧遮那仏の浄土である蓮華蔵世界について、菩薩たちに悟りへの道を歩く菩薩の心得を、出家前にどのような願いを持つべきか、出家後はどのような歩みをすべきかなどの心の有り様が述べられます。

このように、仏が照らされる情景は大乗仏教経典にはよくでてきます。阿弥陀如来のことを無量光如来とも言うのですから、如来が照らさせる世界を浄土経典は勿論のこと、『法華経』などにも同じような場面がでてきます。

二番目の会座の中の八番目の「賢首菩薩品《けんしゅぼさつほん》」には、「信はこれ道のもと（悟りの根本）、功徳の母である。……信はこれ法蔵第一の宝なり。清浄の手となって、もろもろの行を受ける(3)」と、「信」の重要性が取り上げられています。

天上の会座の第三会座にある十一番目の「菩薩十住品」に、菩薩が修行で昇っていく段階を示され、菩薩にとって最初の「初発心《ほっしん》」こそは最重要なものであることが示されます。この発心から菩薩道が始まるのです。この会座の最後に「灌頂住（位）」として灌頂についても説かれています。

そして第四会座の十六番目の「夜摩天宮菩薩説偈品」では『華厳経』の中心となる思想の有心論（唯心）の基本の考えが説かれています。

第五会座の「兜卒《とそつ》天宮会」では、未来仏である弥勒《みろく》菩薩が修行中です。空海もこの世界におられることになっています。

天での最後の会座である第六会座の「他化天宮会」は、密教経典である『理趣経』が説かれている場所です。その最初の「十地品」では、菩薩が目指すべき最上の境地が説かれ、更に菩薩は実践によりこの十地が深まっていくことが説かれています。この「十地品」には唯識の思想に基づいた「心の有り様」が説かれています。

そして三十一番目の「普賢菩薩行品」では、怒りについて、即ち瞋恚《しんに》心です。「若し菩薩大士（摩訶薩）にして怒りの心（瞋恚心）を起こすならば、あらゆる悪の中で、この悪に過ぐるものはないだろう」(4)とあり、『華厳経』では、瞋恚を煩悩の最たるもの、根本にあるものとみていて、密教では後に触れますが、怒りは衆生済度の愛の表れととります。

三十二番目の「宝王如来性起品」では、なぜ真実そのものである如来が現れるのかを、そして仏の悟りについてたとえ（譬え）を用いて丁寧に説かれています。そして仏は、衆生を見つめられ、如来になる可能性に感嘆されます。それは仏が悟りを開かれた時に、同時にすべてのものも成道しているからだと言うのです。

ところが、このことを衆生は知らない、気がつかない。衆生は無明、無知により如来になる可能性を具えていることに気がついていないことを言われています。この考えは大乗仏教にとって非常に重要なところです。『涅槃経』にも同じことが説かれています。

後に鎌倉時代の禅宗で、「有情非情　同時成道　草木国土　悉皆成仏」という言葉も生まれています。

続く七番目の会座は、第二会座の同じ地上の場で、菩薩実践の全体を総括されます。そして最後の「重閣講堂会」では菩薩たちが衆生を導きます。先にふれた善財童子が53人の賢者に会い、学んでいく求道の旅が描かれています。

以上、少し長くなりましたが『華厳経』をみました。仏の悟りについて、凡夫の有り様、菩薩の有り様、悟りに至る修行の有り様等、『華厳経』が当時の最高の仏教の思想を集約されたものであることが判ります。だからこそ聖武天皇は国家国民の安寧と繁栄を願い『華厳経』に基づいて大仏を建立されたのです。

中村元氏は「『華厳経』は現実の実践（菩薩行）を強調しています。いわば真空から形あるものへの展開の光景を示すものといえるでしょう」と述べています。[5]一方で宗教学者の島田裕巳氏は、『華厳経』には壮大な宇宙論が展開されているが、観念的なものにとどまっている[6]」との指摘をしています。顕教における最高の経典と言われているこの『華厳経』は、悟りを求める菩薩の有り様が説かれた大乗、いや仏教思想の最終到達点ともいえる経典です。それ故に空海は『華厳経』の内容を「極無自性心」として無我を説く仏典における最高のものとして敬意を示されたのです。

第十住心の「秘密荘厳心《ひみつしょうごん》」

最後の「第十住心」に「秘密荘厳心」を置いています。

『大日経』のところで触れますが、「悟りとは自らの心をよく（如実）知ることである」と説かれていますように、瞑想により自らの「心」をよく見れば、欲望に振り回された自分の心の奥に、更にそれを棄てさった深奥に、「一切が空であり、仏も衆生も、自分も同じであることが感じ取れる。この認識の上に衆生済度の実践を求めるのが密教だ」と言うのです。その世界が胎蔵マンダラの世界であり、金剛界曼荼羅の世界なのです。空海は、その世界の素晴らしさを「秘密荘厳心」と置かれたのです。それは第九住心までと、まったく違う視点で密教を捉えておられます。

秘密荘厳の世界、あらゆる者があらゆる姿で活躍しているこの世界のことだというのです。空海の言う仏の世界とは、一切の「自性心」ともいうべき自我へのこだわりを棄て、仏そのものとなって、具体的に衆生済度を実践している世界です。そしてこの衆生済度を実践しているこの境地こそ最高の境地だというのです。

密教を「秘密荘厳心」と名付け、密教が観念論ではなく実践の仏教であることを示されたのです。この境地について『大日経』の「住心品」(三句の法門)のところP.240で更に説明します。

(1)古ヒンズー教。西洋人が名付けた。仏教が生まれた後に変革したものがヒンズー教。(2)国書刊行会『華厳経』上 p.55。(3)国書刊行会『華厳経』上 p.259,260 (4)国書刊行会『華厳経』下 p.171 (5)東京書籍『華厳経』p.13 (6)『浄土真宗はなぜ日本でいちばん多いのか 仏教宗派の謎』幻冬舎新書249 p.44

7. 唯心論の展開

唯識《ゆいしき》と潜在意識

2016年2月12日の朝刊の一面トップに「重力波の観測に成功」という記事が出ています。100年前にアインシュタインが予言した重力波の観測に成功したというニュースです。空間そのものが水面と同じく波を起こすというのです。ニューズウィーク誌には、『旧約聖書』の記述を変えてもよいぐらいの出来事だと書いています。

「『旧約聖書』の〈創世記〉に、天と地を創造した神は、〈光あれ〉と言うと光が生まれたとされていますが、ここは〈光と重力波あれ〉に変えたほうがいいかもしれない」と。そして「今回の成功は、間接的な証拠と明晰な思考を頼りに、人間の目と手により100年先を見通していたことになる」と大感激の言葉で綴られています[1]。

仏教には千数百年以上前から実感してきたことを、西洋科学が後追い発見している例が多くあります。そんな一つにスイスの精神科の医者であったフロイトやユングが発見したとされている潜在意識を仏教では千数百年以上前にすでに見つけています。それが「唯識」です。「識」とは「心」のことです。

仏教の「一切皆空」と輪廻転生

仏教では、この世のすべては「空」であるという「一切皆空」を説きます。形あるものも（色）、形ないものも（空）、永遠ではないということです。では、「何が輪廻転生するのか」と、仏教以外（外道）からの攻撃を受けます。「一切皆空」に基づいた「無我」であれば、何が輪廻転生するのかという問題です。それに対して、すべては心が投影されたものであるとする「有心論（唯心）」に基づき、「アラヤ（阿頼耶）識」という「識（心）」が輪廻転生するという唯識説で、仏教は応えたのです。

唯識説は、すべては心が現れたものであるとする瑜伽行唯識学派の思想です。４世紀にインド北西部で活躍した、無着（アサンガ３１０～３９０年）と世親（ヴァスバンドウ３２０～４００年）の兄弟によって大成された説です。瑜伽や座禅によって体得された瑜伽行唯識学派のものです。密教にも大きな影響を与えています。この唯識を中国に伝えたのが、『西遊記』で有名な玄奘三蔵法師です。日本には飛鳥時代に伝わっています。

この「唯識」では、生を受けて以来のすべての経験や知識は、サンスクリット語で「含む」を意味するアラヤ（阿頼耶）識に蓄積されるという説を説きます。このアラヤ識は、それどころか輪廻転生により、生命が誕生以来のすべての経験や知識を「アラヤ識」に残していると説くのです。

遺伝子の多くの情報は、ミトコンドリアDNAに存在する

このことを証明しているかのように人間の赤ん坊は、受胎した後に魚類期や爬虫類期を経て人間となって生まれるとされています。また遺伝子の研究が進む現代の科学では、多くの情報がミトコンドリアＤＮＡに残されていると指摘しています。

意識についての研究が進んでいるヴァージニア大学の知覚研究室の精神医学のジム・Ｂ・タッカー博士は「生まれ変わりは単に記憶に頼っているのではなく、前世とつながりを示す確かな証拠です」、「この世界には単なる物理法則を超えるものがある。そして物理世界と別の空間に〝意識〟の要素が存在する。意識は単に脳に植えつけられたものではない。おそらく宇宙全般を見る際に、全く別の理解が必要となってくるでしょう。現在の宇宙観は宇宙を単なる物理的なものとし、物質的なもの以外は存在しないとしています。しかしそれらの見方を見直し、常識とは異なる方法で見る必要があります」とまで述べています。[2] 現代科学では、「意識の科学」という分野が注目を浴びはじめているのです。

唯識説とは？

この唯識説を簡単に説明しますと、人間の五感（視覚・聴覚・嗅覚・味覚・触覚）を前五識《ぜんごしき》と呼びます。そしてこの前五識をコントロールしているのが六識（意識・心）だとしています。この前五識と六識（意識）は表面に現れた認識が可能な意識で、理解できる意識です。表に現れた意識ですから顕在意識と言います。この顕在意識の奥に、欲（自我）を司る七識（末那識）を見出し、前五識と六識は、実はこのマナ（末那）識にコントロールされているとみます。すべての判断や行動は自分の意識でしていると思いがちですが、実はマナ識（自我・欲）という潜在意識にコントロールされているというのです。たとえば嫌な人と会うと、丁寧な言葉を使っていても顔が引きつったりします。

ところがそのマナ識も又、実はその奥にある先ほど述べたアラヤ識のコントロール下にあるというものです。すべての判断は自分でしていると考えがちですが時間的な縦軸でいえば、生命が誕生以来蓄積してきた情報によりコントロールされているというのです。

アンマラ識と量子論

密教では更にその奥に仏性ともいうべきアンマラ（菴摩羅・清浄・純粋）識という識（心）を見出しています。すべての生きとし生けるものはこのアンマラ識を通じて繫がっているとしています。横軸的な平面でもすべてで繫がっているというのです。直観や第六感といって他人の意識がわかることがありますが、それはアンマラ識で繫がっている例になる現象です。多くの人々が集まり念ずる時、その影響がでることを心理学者であるロージャー・ネルソン（プリンストン大学）は乱数発生器という器械を通じて証明しています。[3]

このアンマラ識を通じて生きとし生けるものは繋がっていると思える現象は多くあります。アリゾナ大学意識研究センター所長のスチュワート・ハメロフは、量子論に精通しているイギリスの著名な物理学者であるロジャー・ペンローズと脳と意識の関係を共同研究しています。そのハメロフによると、「脳の中にある管のような構造をしているマイクロチューブル、これは細胞骨格の一種で、細胞の構造を決定づけるものです。このマイクロチューブルは細胞を一種のコンピューターとして機能させる役割を果たし、分子レベルで情報を処理しています。脳はニューロンの集合体ですから、一つのニューロンが活動するとシナプスを通じて次々とほかのニューロンに信号が伝達されていくと考えられています。

ところが分子レベルの量子コンピューターの考えからすると、一つのニューロンが活動すると、直接繋がっていないニューロンにも情報は伝達されている可能性があるのです。それは〈量子のもつれ（素粒子が光より速く情報交換するとされる現象）〉と言われる未知のプロセスを経て情報が伝達されるからです。量子論によると何もない空間でも情報は伝わります。この量子情報はすべての空間、宇宙にも存在しており、全体と繋がっているというのです。脳のマイクロチューブルにある量子情報は脳の外にある広大な空間と繋がっている可能性があり、意識は宇宙の構成要素のようなものでできているのではないかと考えている」と述べています。[4]

この説が正しいとすると、仏性ともいうべきアンマラ識の存在を証明することになります。また第六感や透視に、テレパシーなどの説明も可能になります。実際、量子論では、意識によって量子の位置が決まることを証明しており、このことを裏付けているといえます。

最近、東京大学で、この「量子のもつれ」という現象を利用した量子コンピューターの開発に成功したという報告がなされています。

具象化した心

空海の『十住心論』で言う「秘密荘厳心」とは、「心」が仏の加持力（通力）によって具体的な形を持って現れている（妙有）さまを言っているのです。これはアンマラ識（心）が形となって荘厳している。具象化した形を持って現れている「心」ということになります。「空即是色」です。このことを空海は、「真言（空）が妙有（不可思議な有）として現れている」と『声字実相義』で述べておられます。

この七識以下の意識が、20世紀になって、先に触れたフロイトやユングが見つけだした潜在意識です。仏教ではこの潜在意識の存在を１５００年以上前に見つけていたのです。

唯識は薬師寺などの法相宗が専門の学問で、唯識の認識を空海は弥勒菩薩の悟りの境地だとしています。

唯識は『華厳経』をはじめ、密教の経典に大きな影響を与えています。

奈良仏教は、密教が現れるまでは当時の最先端の仏教で、それより古い『法華経』を重視する仏教を最澄が日本に導入したために、後に最澄と奈良仏教との間で論争すら起こっています。

唯識に限らず華厳の思想など平安時代までの仏教は、どの宗派もすべての仏法を学んでいます。そのために鎌倉時代以降のような宗派性の強い宗教ではなく、奈良仏教や平安仏教では宗派というより学派といった趣がありました。

高野山や比叡山、四天王寺、法隆寺、東大寺、薬師寺などでは八宗兼学の仏教と言われていますし、霊園ではどの宗派のお墓も祀られています。

一切皆空と縁起

ではなぜ、「一切皆空」なのか。

「一切皆空」とは、宇宙のありとあらゆるものが「空」であり、絶対的不変なものは存在しないことを明かしたものです。言い換えればすべての現象は永遠不変の実態はなく、縁起によって仮の姿として現れているに過ぎない（衆縁和合）、即ち「無常」であることを釈尊は見抜かれたのです。

仏教では、例えば自動車です。自動車の実体とは何か。自動車は二万点以上の部品で成り立っています。その部品が必要な位置に、そして働くべき場所に備えられたとき、はじめて自動車になります。二万点以上の部品、そしてそれらを作っている物質などの縁起によって自動車を形作っているのであって、永遠不変の自動車が存在しているのではないと見るのです。車だけではありません。すべての存在物、即ち服もズボンも椅子も机も同様に「空」だと捉えます。

涅槃（悟り）にこそ心の安らぎがある

現代の科学では、地球や太陽や宇宙に存在するすべてのものは、永遠の存在物ではないことを理論的に説明しています。このことを釈尊は2500年前に見抜いておられたことになります。

釈尊が菩提樹下で悟られた正覚の内容として『法句経』（ダンマ・パダ）に、四法印として有名な、「諸行無常　諸法無我　一切皆苦　涅槃寂静」とあります。すべてのものに実態はなく、思うようにならない。涅槃（悟り）にこそ心の安らぎが得られるという意味です。

心が絶対的なものでないのであれば、当然、自性というものは仮のものに過ぎないことになります。即ち無自性（無常）ということです。すべてのものは無自性、空であり、縁起による仮の姿だというのです。そのことを先に触れたように「衆縁和合」と言います。言い換えれば一切のものは縁で生起し、縁で消滅するというのです。

一般に仏教では、「因果」や「因縁」という言葉を使います。

この因果は直接的な原因と結果を言います。例えば「種子」を植えれば、後に「花」が咲き、実がなります。「種子」が因であり、「花や実」が果です。因縁の因は、内的な直接の原因ですが、縁は外的な間接的な原因のことです。すべての存在は因縁によって生じ、因縁によって消滅すると捉えます。上の例でいえば、優しい気持ちをもって種子を植え、更に太陽の光を受け、水をやり、そして肥料により、花が咲き、実がなるのです。この光や水や肥料が「縁」です。この縁によって花が咲き、実がなるのです。

先に触れましたように空海は、『華厳経』の内容を究極の無自性を説いたものとしました。言い換えれば、『華厳経』を釈尊が悟られた境地、即ち空智について、無自性を説いている最高究極のことだとしたのです。

密教の法界と宇宙

密教の面白いところは仏教で、「一切皆空」や「衆縁和合」と、なかなか実感できない、頭では理解できても、ピンとこないところにフォーカスしているところです。密教での「縁起」の捉え方は、『大日経』「住心品」の最後に「十縁起句[5]」と呼ばれているところで取り挙げています。

この縁起を単なる縁起ではない。積極的な仏による加持（仏から加えられた通力）の結果としての縁起であると捉えているのです。だからこの縁起を不思議縁起だと言うのです。仏様の世界（法界）や我々衆生の生きている六大の世界で起きている現象は、真言の一誦で、顕現している悉地多果（空即是色）を示している奇跡のようなものだと言うのです。六大とは、仏教で考えている宇宙を構成する要素である地、水、火、風、空の五大と識（心）のことです。またこの六大を認識するわれわれの認識器官である六根、即ち眼・耳・鼻・舌・身（皮膚）・意などの器官を六大でも象徴します。

そこで密教では、この宇宙である法界を五輪の塔[6]で現します。

地を方形で表しすべてを育み、水は円で表し、悲念の水をもって灼熱を鎮め救済する、火は三角で表し極寒を暖め救済する、風は半月で表し、あらゆる邪悪を吹き飛ばし、空は宝珠、すべてのものを吸収し、生み出す功徳を象徴させて、具体性をもったシンボルで法界を表すのです。

仏教ではすべては縁起によって成り立っている仮の存在であり、互いに支えあっている社会と捉えています。永遠に続く実態はない。すべて「空」であり、如来の加持力により現れている摩訶不思議な世界だといいます。

何度も言いますが、絶対的存在である一神教のような神は存在しないことになります。

ニーチェはこの仏教の考えを高く評価し、欧米の世界はまだ仏教のレベルにまで到達していないとまで述べています。[7] 実際、キリスト教では、神の実在をいかに証明するかに、苦心惨憺してきたのです。

（1）ニューズウィーク2016年2月23日号　p.10（2）「時空を超えて」２０１６年5月20日ＮＨＫ　Ｅテレ大阪　ジム・Ｂ・タッカー『転生した子どもたち』日本教文社（3）「時空を超えて」２０１６年6月17日ＮＨＫ　Ｅテレ大阪（4）「時空を超えて」２０１６年6月20日ＮＨＫ　Ｅテレ大阪（5）十縁起句　十縁起というのは幻や陽焔や夢や影や乾闥婆城（蜃気楼）や響（山彦）や水月（水に映る月）や浮泡や虚空華（幻覚）や旋火輪（火縄の火の軌跡）のようなものであるが、金剛秘密主よ。若し真言門による菩薩の行を修する諸々の菩薩は、その行を深く修している時、十縁起句がしばしば観られる。それは次のようなものである。その十縁起というのは幻や陽焔や夢や影や乾闥婆城や響や水月や浮泡や虚空華や旋火輪のようなものである。金剛秘密主よ。真言門で菩薩行を修する諸菩薩は、それを次の様に観察すべきである。幻とは一体何であろうか。それは呪術と薬力と能造（四大。作り出すもの）と所造（作り出されるもの）とに依ってしばしば現れる種々の色像（形あるもの）で、自らの眼を惑わし稀有の現象を見せたりするものだ。ところがそんな現象が展転相生（あちこちに行き来）し十方に行き来し、然も去るわけでも、去らないわけでもない。それはどうしてかといえば菩薩行によって出てきた「真言門による」幻の本性は実は空であり、浄であるからだ。是の如く真言の幻も持誦成就してこそ瑜伽行による三力加持（如来功徳力、加持力、法界力）の力を以て種々の不思議な現象を生み出すことができるのだ。次に金剛秘密主よ。陽焔の本性も空であるのだ。それでも世人の妄想に依て、実体なきものでも成立しているかのように思いあれこれ談義するところとなる。是の如く真言もこれ仮の説法なのである。復た次に金剛秘密主よ。夢の中に見るそれが、牟呼栗多（ほんのわずかな時間）や刹那（一瞬）や歳時（いつも）等であっても、その中で種々諸々の苦楽を受けても、醒めてみればすべて幻となる。是の如く真言行といえども応にこの通りのものである。復た次に金剛秘密主よ。影の喩を以てして分かるように、幻である真言が、悉地の成果を発することを理解しなさい。鏡に縁って面像を現ずる如く、真言の悉地も、このように現れるのである。復た次に金剛秘密主よ。乾闥婆城（蜃気楼）のたとえのごとく悉地宮（仏国土）も成就することを了解しなさい。復た次に金剛秘密主よ。響のたとえを以て真言の声を了解しなさい。声に縁って響あるが如くに、彼の真言の理趣も是の如くであると理解しなさい。復た次に金剛秘密主よ。月の出づるに因るが故に、浄水を照して月の影像を現ずるが如く、是の如く真言行者自身も水月の喩のように、当に真言の持明者と称されるのである。復た次に金剛秘密主よ。あたかも天より雨が降り、泡が生ずる如く、真言の悉地、即ち悉地成果という種々の結果を生み出すことを知るべきであろう。復た次に金剛秘密主よ。空中には衆生もなければ寿命者も無く、作者もない。ただ心が迷乱するために、是の如くの種々の妄見が生ずるのである。復た次に金剛秘密主よ。たとへば火燼（火縄）を空中に旋転することによって、輪の像が生ずる如くである。金剛秘密主よ。応に是の如く大乗の句、心の句、無等等の句、必定（最高の）の句、正等覺（悟り）の句、漸次大乗生（次第に大乗の向かわせる）の句も同様であることを了知しなさい。種々の工巧大智（最高の智慧）を出して、

当に法財（仏の教え）を具足して実の如く遍く一切の心相を知ることを得なさい』と。『密教経軌の説く　金剛薩埵の研究』永田文昌堂　p.384（6）五輪の塔　法界を表す。

※上記の図「五輪の塔」は、大阪府泉南市男里　高野山真言宗大御堂山光平寺　五輪塔（１３６９年南北朝時代に建てられた供養塔と、その解説札。（7）『アンチクリスト』講談社＋α新書　p.53

8. 『般若心経』はお経なのか

密教の経典に入る前に、日本で、いや仏教を信仰してきた人たちの間で、もっとも人気があり、よく読まれている『般若心経』について取り上げます。それはわずか２６２文字と短く、覚えやすく、写しやすく、仏教のエッセンスが詰まった教典だからです。

この『般若心経』の解説書には「経」を重

視したものと、「心」を重視した経典に分かれます。「経」を重視したものが一般に広く読まれており、「空」の解釈が重視されています。

一方で「心」を重視したものは密教関係の方が解説されたものです。空海には『般若心経』についての講義録ともいうべき著書が残されています。それが「心」を重視した『般若心経秘鍵（以下『秘鍵』と略す）』です。「秘鍵」は秘密の鍵を意味し、『般若心経（以下『心経』と略す）』の秘密の鍵を明かすという意味です。

密教の視点、『秘鍵』

『秘鍵』では、空海の核心をついた言葉で、顕教と密教の違い、仏教の教えなどを明快に説明されています。『心経』の解説本をたくさん読みましたが、この『秘鍵』が一番判りやすく、読んで腑に落ちる感じがしましたので、この『秘鍵』を通して『心経』を取り上げてみます。

『秘鍵』について、空海は、『心経』の主語を「大般若菩薩の大心真言三摩地法門」と宣言されています。それは『心経』が「仏さまの悟られた境地（三摩地）の法門」であると密教用語である「三摩地法門」という言葉を用いて、『秘鍵』は決して『大般若経』を要約した顕教の教典ではない、密教の教典であると宣言されています。

知識と智慧

仏教の経典を読む上で、絶対知っておかなければならない言葉が二つあります。

一つは「般若」です。もう一つは「空」です。

般若について書かれた『大般若経（大般若波羅蜜多経）』（大正蔵２２０）は、全16部６００巻に及ぶ膨大な経典群ですから「般若」を簡単に説明できるものではありませんが、敢えて、簡単に説明します。

まず「知」に関して二つの言葉があります。

一つは、知識です。

これは知識を積むという言葉がありますように、学校や本などから得たものです。この知識の集積度が高く秀才と言われている人が、東大や京大に集まるのです。一般に頭が良いと言われている人たちです。この知識の集積から理性が認識され、西洋哲学に、近代思想が、近代科学が、近代社会が生まれたのです。

一方は、知恵です。

東日本大震災で遺憾なく発揮されたように、古老が経験を通じて得たものや、伝統や伝説などとして伝わり、人間が生きていく上で最も必要な経験に基づいたものです。東日本大震災では、言い伝えや古老の言葉を信じて丘の上に住まいを建てていた村はすべて助かっているのです。近代建築や近代工学を信じて、海辺に造られた住まいや港湾は大津波にやられてしまいました。この前者の経験に基づいた知恵、その究極の知恵、すなわち仏さまが悟られた知恵を、仏教では「智慧」で表します。「般若」のことです。仏さまの知識とは絶対いいません。仏さまの智慧、これを「般若」

というのです。仏教はこの仏さまの智慧を身につけた上で、世の中に対して、良いことを徹底して努力することを求めているのです。

仏教は「智慧の宗教」なのです。決して知識の宗教ではありません。

この『秘鍵』のなかで、「この般若が、悟りの因である、行である」とまで述べておられます。

非常に重要な言葉で、「般若が悟りを生み出し、実践を生んでいく」というのです。この般若による実践の重要性は、密教が行動を起こす宗教であることを示した言葉です。密教の日本への導入期に、空海と最澄とが仲違いします（P.268）が、それはこの知識と智慧についての捉え方の違いからだと私は思っています。この知識と智慧を英国の哲学者バークの言葉でいえば、論理と慣習であり、あるいは知性と経験に分けられるものです。

次いで「空」についてですが、すでに触れましたが、復習のつもりでもう一度取り上げます。

もともと仏教では「八万大蔵経」と言われるぐらい膨大な経典がありますが、その多くに「空」が説かれているのですから、簡単に説明できませんが、乱暴に一言で説明します。「形あるものもないものも、永遠ではない。物も心も永遠に続く実態はない」ということです。聖も俗もない、貴方の「心の有り様」により、聖にもなり、俗にもなるということです。

当然、一神教のような絶対的な神は存在しないことになります。また、ヒンズー教では西洋哲学で重視する自我（アートマン。我）を認めていますが、仏教ではすべては「空」ですから、自我の存在も認めません。自我と思っているものは、錯覚や思い込みに過ぎないとしています。

チク（般若菩薩）、マン（文殊菩薩）がすべてを現す

『秘鍵』の冒頭に、

「文殊の利剣は諸戯《しょけ》を絶つ。覚母《かくも》の梵文《ぼんもん》(1)は調御《ちょうご》（仏の別名）の師なり」

とあります。

この文殊とは、文殊菩薩のことです。手に刀を持たれ、間違った考え（戯論）をやっつけられる菩薩です。文字通り、智慧を司る菩薩です。

この『心経』では、「無」とか、「空」とか、「不」とか否定的な意味の言葉が盛んにでてきますが、まさに文殊菩薩のはたらきを象徴しています。すべての間違った考えを否定しきったところに真実（光明・仏性）があるというのです。

文殊菩薩の次に述べられている「覚母」とは、文字通り「悟りの母」のことですから、仏さまの智慧、即ち般若のことですが、般若によって悟りが得られますから「母」なのです。空海は、般若をすべての智慧を生み、仏を生み出す母親と捉えられ、般若覚母菩薩に喩えられて「調御（仏の別名）の師」と呼んでおられます。そしてこの『心経』を、この項の最初で触れましたように、般若覚母菩薩の悟りの内容だと述べられ、『大般若経』を要約したものではないと、蛇にうろこがあるからといっても、龍ではないのと同じだというのです。実に明快です。

そして

「チク・マンの真言を種子となす」と。

般若菩薩を表す種子のチクと文殊菩薩を表す種子のマンは、すべての教えを含んだ陀羅尼だと宣

言されます。

続いて、

「無辺（永遠）の生死《しょうじ》いかんが絶つ。ただ禅那、正思惟《しょうしゆい》のみ有ってす」

と、あります。

密教では瞑想を重視します。インドではそれをヨガと言います。このヨガ体操は、瞑想により意識（気）の流れをスムーズにいくように身体をつくっていくものです。

空海はわれわれが輪廻転生する中で、無限に続く苦しみを克服するには、瞑想と正しい思考以外にはないとまで言っておられます。この禅定（禅那。瞑想）と正しい思考（正思惟）は、密教や仏教のみならず、われわれの生活で間違いのない方向を進むためには、一番基本となる考えです。

そして、

「尊者の三摩地は仁譲らず。我、今、讃述す哀悲を垂れたまえ」

と、仏さまがこの『心経』は重要な法門なので、誰にも譲らず自ら説かれたとする「仏説」が採用されています。

仏は心の中に存在する

『秘鍵』の序文に続いて述べられた冒頭に、

「夫れ仏法遥かに非ず、心中《しんちゅう》にして即ち近し。真如外に非ず、身を棄てて何《いずくんか》求めん。迷悟我に在り。則ち発心すれば即ち到る。明暗他に非ず。則ち信修すれば忽ちに証す」

とあります。

仏さまは遠いところにおられるのではない、貴方の心の中におられる。貴方の求めている解答は他にはない。自らのこだわりを棄てずして、どんな解答があるのか。迷いは自分の心にある。本気で決心すれば、かならず最高の結果が得られる。成功不成功は貴方の決心以外にはない。信じて信じて徹底して努力すれば、必ず光明が得られるというものです。これこそ空海の仏教観であり、密教観だといえます。

『般若心経』を信じて、信じて、唱え、写し、自らのこだわりや先入観を捨て取り組めば必ず所願成就するというのです。先に触れた『華厳経』の最初の「寂滅道場会」の「世間浄眼品」に毘沙門天が「衆生の罪けがれ甚だ深く、万千劫（永遠に）のあいだにも仏を拝みたてまつらず、生死に輪《りん》転《てん》して諸々の苦しみを受ける。仏はこれらを救う為に、世に現れたもう」と述べていますが、このことを信じるかどうかが、真の仏教徒になれるかどうかの分かれ道です。

空海は、この信じることの重要性を、信じて信じて徹底して努力すれば、必ず光明に気づき成就すると言っておられるのです。

『心経』の心とは

そしてつづいて、本文の最初の観自在菩薩が取り上げられています。

観自在菩薩とは、「利他行をしようとする志を持った者のことだ、即ち仏教を信じている貴方たちのことだ」と空海は言っています。『華厳経』の「賢首菩薩品」にも「信はこれ道のもと（悟りの根本)、功徳の母」とありますように、信仰心の重要性をとりあげています。この観自在菩薩こそは、信仰心を持っているすべての人たちだと宣言されているのです。

更に、一般に『摩訶般若波羅蜜多心経』を簡単に『心経』といいますが、この『心経』こそ、『摩訶般若波羅蜜多心経』の核心をついたものだと言えるのです。

ではこの「心」とは何か。

サンスクリット語で、フリダヤ、即ち心臓、真髄を表した言葉です。そこで、『摩訶般若波羅蜜多心経』を、「大般若覚母菩薩の悟りの真髄を表した密教の経典」と述べられています。

この解釈は、他の『般若心経』を解説されている方々の解釈と全く違うとらえ方です。

『心経』の最後のところに

「掲諦掲諦　波羅掲諦　波羅僧掲諦　菩提薩婆訶」

(ギャティギャティ　ハラギャティ　ハラソウギャティ　ボジソワカ)

という真言がでてきますが、空海は、『心経』はこの真言・真髄を示すために仏さまが「大般若覚母菩薩」となって説かれた経典だというのです。この「大」について、密教の経典では、「大」は単なる大小の大ではなく、全体を表し、すべてを表し、仏の境地を指すものです。大般若覚母菩薩とは、仏さまの悟られた境地そのものを菩薩で表したものです。

『心経』は、この大般若覚母菩薩の悟られた内容の真髄を表した密教の経典だと空海はいうのです。

「是の故に誦持《じゆじ》講供《こうご》すれば、則ち苦を抜き、楽を与え、修習思惟《しゆうじゆうしゆい》すれば、則ち道を得、通を起こす。甚深の称誠に宜しく然るべし」

とあります。

つまり「『心経』をいつも持ち、唱え、写していれば、苦を抜き、楽が与えられる」、そして、「その内容をいつも考え、理解しようとして取り組んでいれば悟りを得て、通力がつく」と『般若心経』の功徳について述べられています。

実はこの空海の解釈は特異な解釈ではないのです。

むしろこの『般若心経』が広まった経緯をみれば、『心経』という捉え方こそ、この経典の真意に近いものとなります。『般若心経』は、『西遊記』で有名な玄奘三蔵が、仏典を求めて鎖国中の唐から脱出して天竺、いまのインドに向かう途中に授かったとされています。玄奘三蔵のインドに向かう旅行、それは大変な旅行で、その途中には、大難、小難に出くわします。『西遊記』で展開しているように、妖怪のような者や盗賊に、病魔に襲われたことでしょう。しかしながら玄奘三蔵はこの『心経』を一心に唱えることによって災難から逃れられたと、彼の伝記にも書かれています。(2)

このようにこの『心経』は、経典と言うより、除災招福の呪《まじな》いとしてインドや各地で広がっていたのです。もともと『般若心経』は、呪（まじない）として唱えられていたのですから「経」という文字はなかったのです。

古い訳書には、「経」の文字はない

松長有慶師は「現在では『般若心経』という名前で親しまれているが、現存のサンスクリットの写本には、『般若波羅蜜多心』となっており、経がついていない。あるいは後に陀羅尼（真言）の語がついているものもある。漢訳でも古い訳には経がついてない」と指摘され、「おそらく経をつけたのは玄奘ではないか」と述べておられます。[3] 真言、即ち真実の言葉を唱えると災難から逃れるという信仰がインドでは古くからあり、真実語、即ち真言信仰は強かったものと思えます。言い換えれば『心経』を知識の対象としてではなく、霊験あらたかな呪いとして信仰していたのでしょう。しかしながら玄奘は、あまりにも霊験があらたかなので、経典の内容を理解させようと知識の対象として「経」という文字をつけたのかもしれません。

松長有慶師も指摘されていますように、空海の真言を重視した解釈は、特異なものではなく、むしろ空海の捉え方こそ本来の『心経』の信仰の有り方だと私は思います。

ここまでわかれば、もう『心経』の解説はどうでもよいことになります。

いつも心に『心経』を唱え、真言を唱えて取り組めということです。

更に重要なことが述べられています。

それはある者が、『般若心経』は、般若経典の仲間だから、法相宗の教判[4]からみれば、まだ未完成な段階の経典ではないかという問いに、「仏の説法は、一字にすべての教えを含み、一念にすべての経典の法が表されている」と答えて、その根拠に、「易では算木や亀の甲にすべてが現れるではないか」、そして『華厳経』「小相品」に説く如く「帝釈天の住む宮殿には縦横に網が張り巡らされており、その接触点は宝珠で接合されているが、その一つ一つの宝珠に、すべての宝珠が写し出されているではないか」とまで述べておられます。

般若心経は、招福の経典（呪）

ここまでくれば、『心経』は理解するものではなく、あらゆる障礙を除き、招福を実現させる経典（呪）だと信じる以外はないことになります。そして最後のところに、密教やそれ以外の教えも、すべて密教の教えであり、それが判るかどうか貴方自身にかかっていると述べられています。密教の目でみれば森羅万象、すべて仏さまの説法であり、それが判るかどうかは貴方自身にあるというのです。

「密教以外の経典は、そのことを多くの言葉で説法しているが、密教では悟れる者にわかるようにその心髄を陀羅尼で説く」と空海は述べておられます。

実に明快です。

これで『心経』を終わりにするのがよいと思いますが、蛇足ながら、空海がこの経典を、どのように捉えておられたかを述べ、この項の終わりにします。

苦を抜き、楽を与え、道を得、通を起こす

空海は、全体を五つに分けています。

「此の経に総じて五分有り。

第一に人法総通分、観自在と云うより度一切苦厄に至るまで是なり。」総論です。観自在菩薩（仏教を信じて実行している人）が徹底して仏さまの智慧を実行して、あらゆる苦難を克服成就したという核心が述べられたところです。

「第二に分別諸乗分、色不異空と云うより無所得故に至るまで是なり」とあり、仏が悟られた内容で、各宗派の教えにたとえて述べておられます。

『心経』で、最も有名な「色即是空。空即是色」という文言がでている箇所です。この「色即是空。空即是色」は普賢菩薩の悟りの境地だと空海は説明しています。色も空も不二一体だと、形あるものも形ないものも不二で、本来は一体だというのです。仏教の重要な思想の一つです。先に触れた文殊菩薩とともにこの両菩薩は、釈尊、即ち仏さまの智慧と堅固なる菩提心を両菩薩で表したものです。更に空海は「無意識界」に象徴される人間の意識（心）を解明した「唯識」を弥勒菩薩の体得された境地として説明されています。この弥勒菩薩は、『仏説弥勒下生経』によりますと56億7千万年後に、この世に下りて来られ、まだ救済されていない人々を救済されます。空海もこのとき一緒に降りて来られ救済されると真言宗には伝わっています。これはゾロアスター教や一神教のいう終末期に現れる救済者を思わせます。もっともキリスト教では、「パウロの書簡」にパウロが生きている内に終末が来ると述べられていますが、仏教ではそんなにすぐに来るとは考えていないようです。

「第三に行人得益分、菩提薩埵と云うより三藐《みゃく》三菩提に至るまで是なり」とあり、深く般若波羅蜜多を行じられた人たちの得られる功徳について述べておられます。続い

て、

「第四に総帰持明分、故知般若と云うより真実不虚に至るまで是なり」

とあり、これらの教えが、次の陀羅尼に帰することを明かされたところです。

最後に、

「第五に秘蔵真言分、掲諦掲諦　波羅掲諦　波羅僧掲諦と云うより菩提薩婆訶に至るまで是なり」

とあり、『心経』のすべては、この陀羅尼に帰すことを示したところです。

繰り返しになりますが、『般若心経』について知る上で大事なことは、この経典を「誦持講供すれば、則ち苦を抜き、楽を与え、修習思惟すれば、則ち道を得、通を起こす。甚深の称誠に宜しく然るべし」に尽きます。

『心経』は、明呪です。

『心経』を常に唱え、写し、考え、信じていけば、「苦を抜き、楽を与え、道を得て、通（通力）を起こす」のです。

まさに『心経』は、信仰の一番の基本形、信じることを、実行するのにもっとも適した経典だといえます。

（1）サンスクリット語の経典。原典。（2）『玄奘三蔵』p.36『玄奘取経の交通路に関する地理学的研究』p.157（3）『空海　般若心経の秘密を読み解く』p.29（4）『解深密経』に、有、空、中の三時教を説く

「三時教判」が説かれている（『正蔵』第十六巻　６９７頁上中）。三時教判とは、釈尊の一代の説法を三期に分かち、初時には有教を、第二時には空教を、第三時には中道教を説いたとする教説で、とくに法相宗が主張した。『般若心経』は『大般若経』の略出であるから、第二時の空教に当たり、第三時の中道教にはまだ達していない未了の教えという意味。（『空海　般若心経の秘密を読み解く』p.109）

第六章

戒を考える章と善巧方便

1. 日本に伝わった密教

密教の経典には何が書かれているのか

「即身成仏」を説く密教は、仏教の最高のあり方を示しています。それは生命を得た我々にとって、生存中に仏となってその役割を果たすことは究極の目的となるからです。経済や社会活動においても自身の目的を生きているうちに実現させる「即身成仏」こそ理想となるものです。しかも仏教にとって最初に「即身成仏」した歴史上の人物が釈尊です。釈尊こそ「即身成仏」のモデルなのです。

近年になってチベット仏教の全貌が明らかになるとともに、後期密教についてもその理解が深まっています。この後期密教は、先に触れましたように、金剛薩埵が発展した阿閦金剛（阿閦如来）が中心尊になっています。

日本では金剛薩埵という菩薩はほとんど路傍で祀られていません。

それどころか密教以外の経典では金剛薩埵もほとんど取り上げられていません。

しかしながらネパールでは、日本でのお地蔵さんや観音さまのように金剛薩埵は路傍で祀られています（写真1）。それほどに、仏教の最も進んだものとしての密教が、ネパールでは一般化しています。

仏教では成仏の実感をいかに得るかを苦心惨憺してきました。

路傍に観る金剛薩埵　　写真１　vajrasattva Kathmandu, Nepal

しかしながら密教では、空海は、「即身成仏」について、そして大日如来の実相について『即身成仏義』や『声字実相義』などで述べておられます。また『大日経』や『金剛頂経』では成仏を実感させる瞑想が説かれていますし、後期密教を説く無上瑜伽タントラでは、瑜伽行者が金剛薩埵となって成仏するために、人間の生理作用に沿った具体的な実体験儀軌まで説いています。

その実体験の中心となる考えは、『心経』の所で述べましたように、『秘鍵』にある「無辺（永遠）の生死《しょうじ》いかんが絶つ。ただ禅那、正思惟《しょうしゆい》のみ有ってす」です。即ち瞑想（瑜伽）と正しい思考によってのみ体験できると言うのです。

すでに述べてきましたように、『大日経』の成立が7世紀の初期から中期、『金剛頂経』は7世紀の中期から終り頃に成立したというのが一般的見解ですが、日本に仏教が伝わった6世紀より後に生まれた経典です。日本の密教である真言宗（東密）と天台宗（台密）では、『大日経』と『金剛頂経』を重視しています。真言宗の常用経典として知られる『理趣経』は金剛頂経系の経典です。

この『大日経』と『金剛頂経』の説く密教を、日本では純密（純粋な密教）と呼んだのに対し、インドからネパールやチベットなどに伝えられた密教（後期密教）を日本では左道《さどう》密教と呼んだ時期もあります。それは『理趣経』以後、菩薩の位《くらい》として男女合体などの方便門が取り上げられているからです。

2. 密教の説くリーダー

金剛薩埵たる出家者には何が必要なのか

日本では、胎蔵生マンダラを説く『大日経』と、金剛界マンダラを説く『金剛頂経』とを金胎両部の経典と捉えています。特に真言宗では所依の経典としています。この所依というのは文字通り「よりどころ」で真言宗の根本精神、真の精神が述べられている経典という意味です。なお胎蔵、或いは胎蔵生、胎蔵法と言われてきたものを近年は金剛界に対して胎蔵界と呼ぶことが多いようです。

この『大日経』と『金剛頂経』は、空海の思想の中心となるものです。

そこで密教の経典を取り上げるにあたり、真言宗において所依の経典とされる『大日経』と『金剛頂経』、そして常用経典である『理趣経』を取り上げてみます。

真言宗では毎日の勤行も、すべての儀式も『理趣経』を唱えます。ところが所依の経典とされるこの『大日経』と『金剛頂経』は眞言や偈頌などの一部を除いて唱えません。なぜか、それは『大日経』と『金剛頂経』に由って衆生済度の事相を実践しているからです。私は幸運にも事相を学ぶ加行の前に、北村太道先生にきっちり『大日経』と『金剛頂経』の全巻を学ばせていただいたので、加行の内容が「腑」に落ちる思いがしました。

仏教の経典は空海が指摘していますように、

「如来の説法は一字に五乗（人、天、声聞、縁覚、菩薩の五種のレベルの乗り物。仏教のすべての教え）の義（目的・意味）を含み、一念に三蔵（経、律、論。仏教聖典のすべて）の法を説く」のですから、特に仏教について、密教についての理解が深まり、そして何よりこれから社会にとって信仰の必要性が理解できる部分を取り上げます。

『大日経』には、胎蔵法マンダラが説かれています。

この胎蔵法とは、母親の胎内にある胎児を母親の愛で包み育てていくさまを、仏さまの菩提心に喩えたものです。密教は衆生を導く出家者や衆生済度の前線に立つ行者を対象にした秘密の教えであることは、すでに述べた通りです。そのために『大日経』は教相（理論）といわれる最初の「住心品」は開示してもよいが、「具縁品第二」以下の事相（方便）は、特別に師の許可《こか》を受けた者以外には開示してはいけないことになっています。

もっともこの「住心品」が理解できれば、十分です。

それぐらい重要な内容が詰まっています。

そこでその『大日経』の「住心品」に入る前に、リーダーの有り様と、宗教における「戒」について述べておきます。それは「汝、殺すなかれ」とか、「不殺生戒」という戒があるにもかかわらず、宗教色の強い国々において紛争や戦争やテロなどで次々に殺人が行われているからです。『大日経』の「具縁品」には、金剛薩埵たる行者の資格が取り上げられており、そこには、すべての宗教の根幹をなす戒がかかわっています。

この「具縁品」には、師である大日如来の代行者たる金剛阿闍梨である金剛薩埵は、その資格に、①般若たる智慧を身につけ慈悲があり、②密教の作法に優れており、信者に信仰心を起こさせ、悟りに向かわせる、③般若波羅蜜を修行し、④三乗（小乗、大乗、密教のすべての仏教）を能く理解し、⑤真言を理解し、⑥衆生の心を知り、⑦諸仏菩薩を信じる者で、⑧灌頂等を受け、⑨マンダラの画を理解して、⑩その性格は素直で、⑪我執を離れ、⑫真言行を正しく実行していること、⑬瑜伽を修習し、⑭勇健で菩提心に住していることを挙げています。

そして弟子については、①法の器となるに堪え、過去の間違った考えや行いを克服し、②仏教に対する深い理解と実行する勇気と深い信心があり、③常に利他を念ずる者とあります。更に弟子、即ち未来の阿闍梨の条件たる十徳も挙げられています。それが①その弟子に信心があり、②将来、利他行する性質を生まれつき持ち、③三宝（仏・法・僧）を敬い、④深い智慧を具え、⑤辛抱強く、⑥怠け者でなく、⑦戒を守り、⑧やきもち焼きではなく、⑨勇気があり、⑩仏法の実行に迷いのない人としています。

そして「この様な者がおれば、直ちに壇をつくり灌頂せよ」とあり、空海が長安で恵果阿闍梨（密教の第七祖　註2）に会うや否や密教の法を伝授された根拠となるところです。しかしながら、これは大変な条件です。金剛薩埵になるにも、その弟子になるにも余程の覚悟と修行が必要です。考えてみれば、これは明らかにリーダーの有り様を求めているものです。

仏さまのような智慧と慈悲を持ち、業界の実情をよく知り、大衆の心をしっかりつかみ、社員から尊敬を受け、性格は柔軟で、我執を離れ、能く考え、勇気があり、正しい判断力、実行力のある人、まさにリーダーの有り様が、示されています。

キリスト教のリーダー像は、『旧約聖書』にあるモーゼやヨシュアが示した行動モデルが、それにあたります。例えば、アメリカの大統領は、エジプトからヘブライ人（ユダヤ人　註3）を脱出させ、周りから生存を脅かされる環境の中でパレスチナに導いた生きる「モーゼやヨシュア」が求められるのですから大変です。そしてキリスト教の信者に求められる具体的なモデルが、愛に基づいた有り方で、先に取り挙げたハリーポッターの映画で示されているモデルであり、ラグビーのワールドカップを通じて述べられた小学校の校長が望む人間像です。特にこれからの高度に進んだ情報化、グローバル化の社会では、競争が更に激しく、リーダーの有り様がますます重要となります。

このリーダー像は、『大日経』のいう阿闍梨像より、むしろ弟子の資格、即ち将来のリーダーになる者の条件に似ています。即ち、約束を守り（信用があり）、間違いを克服し（根気強く、安心できる）、信心と勇気があり（決断力）、常に社会に貢献する人（利他の実行者）です。言い換えれ

金剛薩埵　北村コレクション

ばこの人物像は、社会の多くの人々から、安心される人であり、信頼される人であり、尊敬される人です。このリーダー像には普遍性があります。

ここでお気づきと思いますが、この金剛薩埵については、個々の戒律についてよりも心の有り様、心構えを求めたものです。

密教の求める阿闍梨像たる金剛薩埵は、小乗、大乗、密教をマスターしたことを前提に、即ち戒律を熟知した者の金剛薩埵の有り様が示されているからです。そのためにも密教を学ぶ者には、戒をマスターした優れた師に出会えることが重要となるのです。

この「安心・信頼・尊敬」される

モデルはお釈迦様のことです。

政治家は世の東西を問わず「安心・信頼・尊敬」できません。ところがお釈迦さまはどうですか。聖徳太子はどうですか。マリアはどうですか。イエスはどうですか。

経済人はどうですか。

十戒と十善戒

元高野山大学学長の藤田光寛師は、「密教の菩薩は、三乗（小乗、大乗、密教）の説く戒律を破ったとしても、それが衆生を信心に向かわせ、悟りに向かわせる善巧方便（良い方法）であれば許される[4]」と述べています。

この「衆生を信心に向かわせ、悟りに向かわせる善巧方便」は、密教の行者にとってはどんな行為であっても前提となるものです。決して衆生済度と称した悪人の道である殺人など許されるはずはありません。密教以外の仏教（顕教）でも、釈尊が最後に説かれたと言われている『涅槃経（大乗涅槃経　註5）』には、戒律を破っても許される場合が示されています。それには破戒してもすぐに告白し、懺悔をした時、もう一方は、善巧方便ともいうべき場合です。相手を改心させる方便としての破戒ならば許されるとしています[6]。

大乗仏教の核心は慈悲（仏さまの愛・大愛）に基づいた利他行です。

他人のために尽くす。社会のために尽くすことです。もし、本当に人を殺すことを求めている宗教があれば、それは宗教ではなく殺人集団だと認識して下さい。

カーラ・パワー氏は、「コーランを読むにしてもきちんとした読み方とずさんな読み方がある。たいていの場合、人々はそれを選択的に読む。言葉を文脈から外して読む。〈人々はコーランを、何であれ自分が主張したいことのために利用しているだけです〉。〈まず自分の考えがあって、次にコーランを開いて自分が聞きたい言葉だと思えるような箇所を探しだすのです[7]〉」と述べています。先に触れましたように女性が教育を受けてはいけないとか、ジハードで死ぬと楽園に72人の乙女という報酬が約束されているなどは、『コーラン』には一言も書かれていません。

宗教は感謝を説き、世の中に良いことをすることを説きます。それを空海は四恩十善と言っています。利他行は報恩感謝の実践行です。

高野山のお寺の箸袋に次のようなことが書かれています。

「一滴の水にも天地のめぐみがこもっております。一粒の米にも万人の力が加わっております。有り難くいただきましょう」と。

四恩とは、父母の恩、国王の恩、社会の恩、仏法僧の恩です。

自然から、国家から、そして社会や親や先生などから受ける恵み、慈しみのことです。このご恩に感謝することこそ宗教の核心でもあります。

戒律についての考え方は一神教と大乗仏教ではかなり違うところがあります。

一神教の場合、戒律は神の命令ですから絶対守らなければならないものです。

神の命令（ドグマ。教義）を実行するために必要なものですから絶対守らなければならないものです。しかしながら守れないことも起こりますから懺悔が必要となるのです。この精神は仏教も同じなのですが大乗仏教や密教では、破ってもよいケースが想定されていることです。それは仏教の戒は心の戒めであり、律は集団の法律であり、ともに神の命令だからではなく、自らが、守る決意をするものだからです。四恩十善も同じです。そのためによき師につかず生半可な理解をするととんでもないことになるのです。

仏教徒にとって守るべき基本的な戒律は、十善戒と言われているものです。出家者には更に多くの戒律があります。

その十善戒とは、

- 不殺生戒　　殺生しない。
- 不偸盗戒　　盗まない。
- 不邪淫戒　　邪淫をしない。社会道徳に間違った性行動の禁止。
- 不妄語戒　　嘘を言わない。
- 不両舌戒　　二枚舌を使わない。
- 不悪口戒　　悪口を言わない。
- 不綺語戒　　無駄口を言わない。
- 不邪見戒　　間違った考え方を持たない。

・不慳貪戒　貪らない。
・不瞋恚戒　怒らない。恨まない。
ところが大乗仏教や密教の経典には、これらの戒を破っても、「有情（衆生）に対する思いやりの心を持ち、利他のために善巧方便として行うのであれば、許される」、「貪欲について、有情に対する貪欲は、愛情であり、慈しみを伴っている」、「菩薩が十悪を行っても無罪である。その密意（真意）は、このような行為を行う者は菩薩によって示された仮の姿であり、人々に信仰心を起こさせ、悟りに向かわせて、信者のレベルを上げさせるものだからである」(8)とあり、十善戒を破ってもそれが善巧方便であれば許されるとしています。

マホメット（ムハンマド）がメッカから追放され、移動中に、連れている信者のためにラクダの隊商を襲った事件があります。これをイスラム教徒は「神の命令」とし、マホメットには責任はないとしていますが、同じ理由と思われます。当然、むやみやたらに破ってよいというのではなく、人々を護り、人々に信仰心を起こさせ、悟りに向かわせる善巧方便でなければ許されないものです。

しかしながら、ここは問題のある、誤解を生む余地のあるところです。実際、オウムのような事件が起こっているのですから、密教を信じている出家者でも、三乗をしっかり押さえた師について、「善巧方便」について、空海の言う「四恩十善」についてしっかり学ばなければなりません。

一神教の場合は神の命令ですから絶対です。一神教のモーゼの十戒《じっかい》(9)は、その内容を要約しますと、
・あなたは、わたしのほかに、何ものをも神としてはならない。
・あなたは、自分（神）のために、刻んだ像を作ってはならない。

- あなたは、あなたの神、主の名をみだりに唱えてはならない。
- 安息日を覚えて、これを聖とせよ。
- あなたの父と母を敬え。
- あなたは、殺してはならない。
- あなたは、姦淫してはならない。
- あなたは、盗んではならない。
- あなたは、隣人について、偽証してはならない。
- あなたは、隣人の家をむさぼってはならない。

ところがカソリックの十戒は少し違うのです。モーゼの十戒には、「あなたは、自分（神）のために、刻んだ像を作ってはならない」とあり、これが偶像崇拝を禁止している根拠となる戒律ですが、カソリックの十戒には、この戒律がないのです。そして「姦通してはならない」のほかに、「他人の妻に想いをかけてはならない」があるのです。

実際、カソリックでは、イエスの像やマリヤの像を信仰の対象にしていますから、偶像崇拝を認めていることになります。中近世に日本に来たイエズス会はカソリックでしたから遠藤周作の『沈黙』にある司祭の如く、踏み絵に抵抗があったのです。

プロテスタントは『聖書』に忠実です。

モーゼの十戒を守り、イエスやマリアの像は信仰の対象とはなりません。

明治16年（1884）にアーネスト・フェノロサ[10]はプロテスタントだと思われますが、文部省職員となっていた岡倉天心[11]とともに、法隆寺の「救世観世音菩薩」を公開させています。この「救世観世音菩薩」は、等身大の聖徳太子像と言われているもので夢殿に祀られた創建時からの秘仏です。この公開は、この秘仏もフェノロサの偶像に過ぎないという信仰により行われたものです。もっとも日本人は「あれはあれ、これはこれ」ですから、現在では、仏像を時には芸術作品に、時には信仰の対象にみても何の矛盾もないのです。

一神教での戒律はカソリックであっても神の命令ですから絶対です。しかし人間は生きていくうちには守れないことが必ず起こってきます。だから先に述べたように、懺悔が必要となるのです。もっともカソリックや大乗仏教の方が、家族的というか人間的な温かさが私には感じられます。一方で、プロテスタントは近代社会を発展させ、更に現在の経済社会を成功させた厳しさ、激しさが、私には感じられます。

善巧方便とは

密教の戒律は、心の有り方を重視した善巧方便です。

それが三昧耶戒《さまやかい》と言われるものです。

三昧耶戒とは、「それぞれの条項を守るという形式をとらないで、菩提心（悟りを求めて仏道を修行する心）を保持して、仏が衆生を救済しようと誓った（三昧耶）ことを自分の戒とする[12]」ものです。個々の条項にこだわらず、善巧方便こそを戒とするのです。キリスト教のいう「神の愛・隣人への愛」に近い考えです。

この心の有り方を重視した善巧方便こそ宗教の壁を越えさせる有り方だと私は思います。

では、この密教の言う善巧方便とはどんなケースなのか。

『大日経』の註釈書である『大日経疏』[13]には、次のような話を載せています。

インドで、修行中のある青年僧がいました。

この青年僧は眉目秀麗な顔立ちをしており、そして戒律をよく守り、修行のために各地を行脚していました。ある時、ある金持ちの娘が、この青年僧にひと目惚れします。そしてどうか一緒になってくれと、つけ回します。青年僧は大変迷惑し、そのようなことはできない。自分は修行の身であるからと丁寧に断ります。しかしその娘はわがままですから、ストーカーのようについて回ります。娘の親御さんは大変怒り、この僧侶（青年僧）が誘惑したと、かんかんになって責めます。そのとき、その娘は正気にもどり、実は誘惑したのは私で、この僧侶は決して悪くないことを告げます。親はそれを受けて僧侶を許し、そして娘と僧侶を引き離し、娘を実家に戻します。それからその青年僧は、また行脚を続けます。しかしながらその娘はやっぱり諦めきれず、その青年僧を追いかけ、どうしても一緒になってくれと懇請します。余りにも熱心な誘いであり、これも前世からの因縁だと、その青年僧は考え、その女性と一緒になる決断をします。娘は大喜びで、毎日、一緒に過ごし、四六時中抱擁することになります。しばらくして、その娘も落ちついてきた頃を見計らい、僧侶は次のように娘を諭します。いま、貴方のしている毎日は、仏さまのお教えに逆らった欲望のままにふるまった生き方です。このまま、このような生活を続けていけば、貴方も私も必ず地獄に落ちるでしょう。貴方は、もう満足されたことでしょうから、これからはこのような生活を諦め、仏さまの求める生活をするようにと諭します。娘はその僧侶に惚れていましたから、僧侶の話をよく聞き、涙をながして懺悔し、以後、出家し、比丘尼として生きていったのです。その青年僧も修行を続けたそうです。この淫行は不邪淫ではない。善巧方便だというのです。『涅槃経』でいう相手を改心させる方便です。

戒とは何か

では、この戒とは何か。宗教を拘束している戒とは一体何なのか。

考えてみますと実に奇妙なことに気付きます。

モーゼの十戒には、「汝、殺すなかれ」と神から命じられていますが、一神教のユダヤ教徒も、キリスト教徒も、イスラム教徒も年がら年中、人を殺しているのです。モーゼもヨシュアも人殺しを命じています。これらは神との契約違反ではないのか。一体、神との約束にはどんな意味があるのか。

実はこの約束は仲間内や家族を守る約束なのです。集団や民族が生き残っていくには、集団や民族のまとまりが一番重要です。どんな組織も民族も内部の分裂から崩壊していくものです。日本に対する海外からの干渉も、それを狙ったものです。孫子も韓非子もマキャベリーもそのことを説いています。

汝、殺すなかれ。　　仲間内を殺すな。

汝、姦淫するなかれ。　　仲間内の奥さんやご主人に手をだすな。

汝、嘘をつくな、盗むな。　　　　　　　　　　　　仲間内に嘘をつくな、仲間内の物は盗むな

と言うことなのです。

神の命令は仲間内を大事にせよ。しっかりまとまれと言っているのです。

実際、戦時においては、身内を、味方の安全を最優先させよということです。多くのヘブライ人を連れたモーゼも、ヨシュアも、エジプト軍に囲まれ、悪意に満ちた異教徒などに囲まれた中にいるのですから、身内の敵になる可能性のある「異教徒」は皆殺しにせよと神は命じているのです。異教徒側にとっては酷い話ですが、まさに一神教の持つ独善性を表したところです。

先に触れましたように、中世には、カソリックとプロテスタントとの壮絶な争いがヨーロッパで起り、その反省から「信仰の自由」という近代社会の大原則が生まれました。ところが、20世紀に入って、ナチスによるホロコーストが起こっています。この「信仰の自由」は、まさに仲間内、「キリスト教徒間の信仰の自由」だったものです。だから原爆を搭載した「エノラゲイ」の出発に際し、牧師がその成功を祈願したのです。もっとも現在の社会では、米国をはじめ多くの先進国では、どんな宗教でも、それが公序良俗に反しない限り、その信仰の自由は守られています。

仏教には、不殺生戒があり、仏教徒は肉食をしてはいけない、少なくとも出家者は精進食をすべきだという「迷信」があります。しかしながらすべての生き物は殺してはいけないというのであれば、生きていけません。食事はできません。それは動物だけではなく、植物も命があるからです。また仏教の言う六趣（天・人・阿修羅・畜生・餓鬼・地獄）には、生まれ変わりの世界の一つに畜

生の世界がありますので、自分のご先祖の生まれ変わりかもしれない畜生の肉は食べてはいけないという信仰です。

『大乗涅槃経（大般涅槃経）』の「如来性品」に、「肉食の禁止」が述べられています。三種浄肉と初期の原始仏教でも肉食は禁止されていますが、「三種浄肉」は例外としています。三種浄肉とは、①布施された肉が、自分の前で殺されたものの肉ではない、或いは②出家者のために殺された恐れがない、そして③自ら殺したものではない肉です。それらであれば、その施しを受けてもよいとされているのです。

出家者は、経済活動はしません。

そこで出家者が出家したときに師からお皿と、簡単な「黄土色の衣《ころも》」とが与えられます。生活を守る服装としての僧衣と、托鉢のためのお皿です。仏教では「布施」と言います。布を施すことです。布は身体を守る一番重要なものですから布を施されることは、毎日の生活を維持するために僧侶にとって一番ありがたい施しものとなるのです。だから仏教では布施は拡大運用され仏教の維持の柱になっているのです。そして托鉢によって食べ物を手に入れ、命をつないでいくのですからお皿も非常に大事なものです。本来の出家者はこれ以外の私物は持てないことになっています。

ではその出家者が托鉢に出たとき、そのお皿に「肉」をのせられたとします。出家者はどうするか。それが先に触れた三種浄肉でなければ棄てることになっています。そうでなければ、有り難くいただくのです。その肉を布施した人に福がくるように、命をささげてくれた生き物に感謝し、美味しくいただくのです。それは野菜でも、穀物でも、果物でも同じです。東南アジアや南アジアでは、ヒンズー教徒や仏教徒は、布施をされた人が、その布施をした人に「ナマステ」と言います。これは布施をした人に、「幸せが来ますように」という意味の真言です。

出家者は生き物の命はとらないのが原則ですから、出家者自身が殺したものは勿論のこと、自分のために殺されたと思えるものは食べてはいけないというのが戒律なのです。

日本での精進食は植物の食べ物が中心です。ところがインドでは、卵も牛乳も乳製品も頂くことが許されています。それは牛乳も卵も動物の命を取らなくても手に入るからです。寒いチベットではバター茶を頂きますし、布施された動物の肉も食べています。

長安や高野山ではインドと違い冬は非常に寒く、命を守るために、身体を温めるために、お酒を「薬湯」として出家者でも飲んでいる人がいます。また奈良の大安寺では、ガン封じや長寿を願う「笹酒祭り」があります。酒が禁止されているのは、酒乱の人が集団の秩序を乱すからです。ご存じのように神道では、お酒は神饌として神様にお供えします。イエスは最後の晩餐で、ワインを飲んでいますから飲酒は認められています。イスラム教では禁酒です。善行を積んで天国にいけば飲めるからです。もっとも海外から日本に来ている人たちにとって、泥酔の人は、ひんしゅくを買っています。欧米ではお酒は飲んでも、お酒に飲まれている人は軽蔑されるし、何より犯罪を受ける可能性が高くなるからです。

義務を説かない昭和憲法

宗教は戒を説きます。だから一方で憲法が権利を説くのです。

昭和憲法の最大の問題点は第三章にあります。

昭和憲法は占領軍（戦勝国）が、占領中に敗戦国の日本に与えたもので法律上問題のある法律です[14]。先に触れましたように、この憲法では前文や第九条がいつも問題になりますが、第三章の「国民の権利及び義務」こそ最大の問題箇所です。それは国民の義務がわずか「教育と納税と労働」しか書かれていないからです。その一方で、第11条から第40条までほぼ権利ばかりです。家族に対する義務も、社会に対する義務、国を守る義務も書かれていません。自分さえ良ければよいという内容になっています。

カーター大統領時に安全担当の補佐官をされたブレジンスキー氏は、「歴史的に見て貧しい社会が続き、日本人は豊かになった社会の持つ責任も義務も理解していない」と、指摘[15]しています。いつも自分の安全のみを主張し、国際社会における社会貢献の意味がわかっていないからでしょう。だからこそこの第三章の問題に気が付かないのです。

彼ら占領軍の人たちは、キリスト教を前提としたこの憲法を日本人に与えたのです。即ち占領軍の人たちは日本をキリスト教国家にしようと考えていたと思います。詳しくは触れませんが、占領軍は皇室をクリスチャンに改宗させようと動いた形跡があります[16]。平成天皇の英語の先生は平和主義を唱えるクェーカー教徒です。しかしながら日本はキリスト教国家にはなりませんでした。

また戦前の国家神道を排除するために、教育勅語がなくなり、日本では宗教上の義務（戒）が説かれなくなり、日本の宗教は戒律より現世利益誘導に集中したものになっています。そのため、宗教が説いてきた戒（義務）が空文化しているのです。国際社会や国家への義務や、社会への、家族への義務が、憲法にも、教育基本法にも説かれていません。

戦前の社会は、明治憲法で国の方針が示され、それを実現する教育の有り方が教育勅語だったわけです。まさに日本教（伝統文化）の「戒」は教育勅語にあったわけです。

昭和憲法を実行させる教育基本法には教育勅語のような国民の義務は述べられていません。この国民の義務の空文化によって、現在の日本では権利ばかりが叫ばれる利己的な社会になっているのです。第一次安倍内閣の時に「教育基本法」の改正が行われましたが、さらに改正が必要です。それは宗教を「教養」と捉えているからです。これまで述べてきたように宗教は、単なる教養ではなく、社会での有り方そのものを求めているからです。


読売新聞に衝撃的な記事が出ています[17]。

四国などの山間部の神社の樹齢数百年のご神木の根元の数箇所に、木材業者が密かに除草剤を注入し、人為的に枯れさせ、その木材を業者が買っているという記事です。２００５年以降、愛媛、徳島、高知、和歌山４県の神社７箇所で、計20本のご神木が枯れたという報告が神社庁にあったそうです。現世利益しか考えない日本の現在の宗教の行き着く姿を示した驚くべき記事です。またＮＨＫで２０１０年１月31日に放映された「無縁社会」では、「薄れる家族の絆」が取り上げられています。そこには「遺体の引取り拒否」や、無縁死が激増する実態が明かされています。

宗教は信仰者が幸せに、平和に生きていくための義務（戒）を説くものです。

宗教は義務（戒）を説くのです。

知っているだけの教養では十分ではないのです。その実行の有り方が大事なのです。戦後の日本では、宗教が戒（義務）を説かず、現世利益のみを求めるものになっています。この現世利益は信徒を集める誘蛾灯のようなもので、宗教の本質は信徒に心の有り様や戒（義務）を説くことにあるのです。

ユダヤ教徒やイスラム教徒は勿論のこと、仏教も、仏教と同じ頃に生まれたジャイナ教も同様です。ただ例外は、キリスト教と日本です。

キリスト教はイエスを神と認めること、神が我々に無限の愛を注ぐ如く隣人に愛を注げというものです。そのために生活規範を制限しないのがキリスト教です。その結果、プロテスタントが生まれて以来、自由貿易が世界に広まっていったのです。戒を説かないキリスト教はそれを補う形で、キリスト教徒の有り方として、国家への義務、そして隣人への「愛」を強調します。そしてその愛の実践として、奉仕や地域貢献を重視した活動を説くのです。ロータリークラブやライオンズクラブ、青年会議所などの活動の中にそのことが表れています。そしてその活動こそ社会的勝者の証しであり、その義務が、ノブレスオブリージュ（貴族の義務・勝者の義務）だとしているのです。だからハリウッドの映画の多くは、新旧の『聖書』を骨格にした宗教映画が多いのです。単にキリストを描いた直接的なもののみならず社会への奉仕者を英雄的に描いたもの、隣人への愛の実践としての自己犠牲を描いたものなど「信徒の義務」を認識させるものになっているのです。そしてその義務を世界に広めているのです。

何度も言いますが、宗教の核心は、義務を説くことにあります。

先に触れたようにアメリカはキリスト教信徒が『聖書』を純粋に信じる者（プロテスタント）によって建国された宗教国家です。そして世界にキリスト教を広めることを国是にしています。そのためにお節介なまでに「正しいこと」として世界の紛争に絡まっていくのです。現世利益は信徒を集めるための誘蛾灯のようなものですから、集まった信徒に、その心の有り様、義務（戒）を説くことによって初めて宗教に意味が生まれてくるのです。

現行憲法が示しているように、現在の日本は、権利ばかりが叫ばれ、利己的な社会になっています。そんな観点からも社会や家族への義務を説く宗教の教育（宗派教育ではありません）は、国際化が進むこれからの社会では、日本人には特に必要です。

（1）曼荼羅・マンダラ　経典の内容を具象化して、種子や法具や仏・菩薩・諸天などで表したもの。（2）密教ではその系譜を次の様に伝えています。第一祖の大日如来から金剛薩埵、龍猛、龍智、金剛智、不空、善無畏、一行、恵果、そして空海に伝わったとしています。恵果は空海に密教を伝えた唐での師です。（3）ヘブライ語を話し、民族宗教としての一神教であるユダヤ教をつくりあげた。自らは「イスラエル人」と呼ぶ。『旧約聖書』にある神から与えられた名称。ヘブライ人というのは奴隷生活を送っていたエジプト時代に言われた。新バビロニアに滅ぼされてバビロン捕囚となったころから、ユダヤ人と言われるようになった。（4）『はじめての「密教の戒律」入門』（セルバ出版）p118（5）『涅槃経』には二種類の経典がある。一つは小乗仏教での『ブッダ最後の旅（大パリニッバーナ経・原始涅槃経』。もう一つは大乗仏教での『大乗涅槃経（大般涅槃経）』。（6）『大乗涅槃経』（大正蔵経12巻）p.400下　同p.400下～401上（7）『コーランには本当は何が書かれていたか?』p.36（8）『はじめての「密教の戒律」入門』p.118（9）『旧約聖書Ⅱ　出エジプト記』岩波書店　p.89　神は次のすべての言葉を告げて言った。「わたしはヤハウェ、あなたの神、あなたをエジプトの地、奴隷の家から導き出したものである。他の神々が、あなたのためにわたしの面前にあってはならない。あなたは自分のために像を作ってはならない。上は天にあり、下は地の水の中にあるもののいかなる形も［作ってはならない］。あなたはそれらにひれ伏しても、それらに仕えさせられてもならない。まことに、わたしはヤハウェ、あなたの神は熱愛する神である。わたしを憎む者には、父たちの罪を息子たち、三代目の者たち、四代目の者たちに報い、わたしを愛する者たち、わたしの命令を守る者たちは、いくつもの氏族に恵みを行なうものである。あなたはあなたの神ヤハウェの名を、空しいことのために唱えてならない。なぜならヤハウェは、ヤハウェの名を空しいことのために唱える者を罰せずにはおかないからである。安息日を覚え、これを聖別しなさい。六日間あなたは働き、あなたのすべての仕事をしなさい。だが、七日目は、あなたの神ヤハウェのための安息日であり、あなたのいかなる仕事もしてはならない。あなた、あなたの息子と娘たちも、あなたの男奴隷と女奴隷も、あなたの門の中にいるあなたの寄留者も。なぜなら六日かけてヤハウェは、天と地、海、そしてそれらの中のすべてのものを作り、七日目に休息したからである。それゆえヤハウェは安息日を祝福し、それを聖別した。あなたはあなたの父と母を重んじなさい。それは、あなたの神ヤハウェがあなたに与えようとしている大地で、あなたの日々が、長くあるためである。あなたは殺してはならない。あなたは姦淫してはならない。あなたは盗んではならない。あなたは隣人に対し、嘘の証言をしてはならない。あなたはあなたの隣人の家を欲しがってはならない。あなたは隣人の妻と彼の男奴隷と女奴隷と牛とろば、あなたの隣人のすべてのものをあなたは欲しがってはならない」。（10）アーネスト・フランシスコ・フェノロサ（１８５３

年2月18日～１９０８年9月21日）米国の東洋美術史家。哲学者。明治時代に来日。日本美術を評価し、紹介に努めた。ハーバード大卒。（11）岡倉天心（１８６３年2月14日～１９１３年9月2日）明治期の美術界の大指導者。東大卒。大学でA・フェノロサの指導を受ける。東京芸大校長。ボストン美術館勤務など。（12）『はじめての「密教の戒律」入門』p.122（13）『大日経疏』『大日経』には重要な二訳がある。一つは当時最高の密教学者であったインドの善無畏（６３７～７３５）により漢訳されたもので、これには善無畏自身による註釈書が残されている。それが一般に『大日経疏』と呼ばれているもの。日本では主としてこれを用いて本経が研究されてきた。この註釈書を漢訳したのは善無畏の手伝いをしていた一行。（14）１８９９年にオランダ・ハーグで開かれた第1回万国平和会議において採択された「陸戦ノ法規慣例ニ関スル条約（ハーグ陸戦法規）第43条（占領地の法律の尊重）国ノ権力カ事実上占領者ノ手ニ移リタル上ハ、占領者ハ、絶対的ノ支障ナき限、占領地ノ現行法律ヲ尊重シテ、成ルヘク公共ノ秩序及生活ヲ回復確保スル為施シ得ヘキ一切ノ手段ヲ尽スヘシ」。（15）ブレジンスキー『ひよわな花・日本』１９８１年　p.187など（16）猪瀬直樹『ジミーの誕生日』（文藝春秋社）加藤康男『昭和天皇　七つの謎』（ワック）（17）読売新聞朝刊平成24年12月19日

第七章

「欲」を肯定する眞言密教を考える章

1.『大日経』「住心品」には何が書かれているのか

「住心品」（入真言住心品　第一）について

ここからは具体的に密教の経典に入っていきます。

密教経典のみならず、仏教の経典は釈尊が悟られた内容が書かれているのですから、簡単な内容ではありません。その上、漢訳されているのですから、当用漢字以外の漢字も多く使われており、なおさら難しいものになっています。特に『大日経』や『金剛頂経』、そして『理趣経』は出家者を対象にした経典ですから、日頃、経典になじみのある方はともかく、仏教の言葉や文字に抵抗のある方は、飛ばして読んでいただいても大丈夫でしょう。

『大日経』の正式名は、漢訳では、『大毘盧遮那成仏神変加持経』となっています。チベット語訳の基となったサンスクリット語の経名は、「マハー（大）・バイローチャナ（毘盧遮那）・アビサンボーディ（成仏）・ビクルヴァティ（神変）・アディシュターナ（加持）・スートラ（経）」で、「大きな太陽のような者（大日）が、完全に悟られ、その境地をもって衆生済度しようと加持された（仏さまの力が加えられた）お経」という意味です。

この経名から太陽信仰が見えてきます。また阿弥陀如来には無量光、無量寿の意味がありますから太陽を模していることがわかります。

第一章が「入真言住心品　第一」です。通称「住心品（心の有り様を説いた章）」です。チベット語訳からみると、「真言門に入って、心の差別を説く章の一」という意味になります。先に仏典の条件を述べましたが、この経典では、信成就と聞成就を合わせて信成就（信じる根拠）とし、以下時成就（いつ説かれたか）、主成就（誰が説いたか）、処成就（どこで説かれたか）、衆成就（どのような者が集まっていたか）の五成就で始まります。そのあとに本文（正宗分）がきます。そして本文の要約としての流通分がきます。

「住心品」には、密教の思想の核心が述べられていますので、少し長いですが経文から説明していきます。

世尊（胎蔵生を説かれている大日如来）に、聴いている者の代表者である執金剛秘密主[1]が、問いかけられます。

密教経典の理解を難しくしているのは、この執金剛秘密主は実は、世尊と同体という点です。世尊が自問自答しているのです。だから密教経典には聞成就は必要ないのです。

密教の経典以外の経典、空海はそれを顕教の経典と呼んでいますが、その顕教の経典の説法者は釈尊です。当然、ほとんどの顕教の経典は、釈尊が弟子などに話されたものです。『華厳経』では、悟られた盧遮那仏に代わって盧遮那仏が悟られた内容を、菩薩や諸天が話していますが、基本的には顕教の経典は、釈尊が、聞いている弟子のレベル、また聞いている諸天や有情のレベルに合わせた内容の説法になっています。これを「対機説法」といいます。

ところが密教の経典は、世尊（大日如来）が、自身に対して自問自答された内容です。相手に合わせた説法ではなく、自らが話したい内容を自分自身で確認されているのです。説法主も聞いている者も大日如来自身です。先に触れた空海の『般若心経秘鍵』に問答が出てきますが、空海の自問自答の形式になっています。同じ狙いがあったものと思われます。

自分自身が話したい内容を話すという説法は顕教の経典にもあります。それが中国の智顗が終末経典、即ち釈尊の最後の説法とした『法華経』であり、『涅槃経』です。これらは釈尊の対機説法ではなく、聞いている者を意識しないで、自らが、自らの話したい内容を述べられたものとされています。

密教の経典の場合、大日如来が大日如来に問いかけるのであれば、混乱が起こりますから問いかけている菩薩の代表者は、説法の内容を象徴した名前になっています。ここでは執金剛秘密主ですから大日如来が、金剛心を体得した金剛主の姿をとって、秘密の金剛（衆生済度を起こす最高の智慧）について話されることを示しています。代表して質問する者を対告衆《たいごうしゅう》といい、この場合、執金剛秘密主が対告衆となります。

釈尊（毘盧遮那）が金剛の如き決意をもった金剛主の姿をとって代表者（対告衆）として秘密の金剛について質問します。

本文（正宗分）の冒頭に、「その時、集まっておられる方々の中から執金剛秘密主が坐して世尊に対して次のように質問された」とあります。

「世尊よ。如何にして如来・応供《おうぐ》・正遍知《しょうへんち》（すべて仏・毘盧遮那の別名）は一切智智を得られたのでしょうか。そしてその得られた智慧のすべてを衆生に、そのレベルに応じて遍く口演《こうえん》しようとされ、更に種々の仏への道と種々の性欲（能力）に応じようと、また種々の悟りへの菩提心を起こさせる方法等で、一切智について説法されようとしておられるのでしょうか。あるレベルの者には声聞乗の方法で、別のレベルの者には縁覚乗の方法で、またあるレベルの者には大乗の方法で、そしてまた、あるレベルの者には、五神通の方法で更にある者、例えば天に生まれるように願っている者、或いは人に生まれるように願っている者、そして龍や夜叉などに生まれようと願っている者などに、各々のレベルに応じて法を説こうとされています。仏の姿によって救済すべき衆生には仏の姿で現れ、同様に声聞の姿、独覚の姿、大自在天の姿、梵天の姿、那羅延で、毘沙門天で、摩侯羅伽で、人で、人間でない姿等の姿でそのレベルに応じて各々の言葉と振る舞いでお示しされようとされています」

とあります。

この内容は、大日如来はあらゆる姿になって、即ち衆生が納得できる姿をもって救済されているという話です。この同じような内容が、大乗仏教の経典である『法華経』の「普門品第二十五（第25章）」である通称『観音経』にもでています。観世音菩薩が三十三身の姿をもって救済（衆生済度）されるという話です。西国三十三ケ所巡りや坂東三十三ケ所巡りなど、各地にある三十三ケ所巡りは『観音経』に根拠があるものです。この『観音経』や『大日経』の考え方からすれば、仏は一神教の信者には一神教の神となって救済される、キリスト教徒にはイエスの姿で救済されるということになります。この考えは日本では、「本地垂迹説《ほんじすいじやくせつ》」という「神仏習合」の考えを生みました。すべての神々は仏の仮の姿だという信仰です。

三句の法門

「住心品」では続いて執金剛秘密手は、この一切を救おうとされている仏の智慧について問われます。

「世尊よ。この智慧を得る因は、一体何でしょうか。その根本は何でしょうか。究竟《くぎょう》（究極）とは一体、何でありましょうか」と。

そこで毘盧遮那は次の様に仰せになります。

「執金剛菩薩よ。善き哉。善き哉。執金剛菩薩よ。汝、我がために此の義を問うとは、また善き哉。そこで聞きなさい。そして極めてよく考えなさい。私は今、汝たちの為にその話をしようとしている」と。

そしていよいよ毘盧遮那が、通称、「三句の法門」と言われている密教の宗教としての根本の考え、即ち秘密の金剛について述べられます。

「最も重要なのは菩提心である。その根本は大悲である。だから衆生を救済しようとする方便波羅蜜行が究極となる」と。

これは、まさに『十住心論』にいう「秘密荘厳心」たる「具体的な救済行動」である「方便波羅蜜行」こそが、密教だという根拠になるところです。菩提心とは、人々を救いたいという仏の慈悲心（愛）です。そしてこの菩提心には仏さまのすべてを救うという誓い（三昧耶）がその根本にあるのです。だからこそ、衆生を救うという実践活動こそが、密教の一番の目的となるのです。この「三句の法門」である「菩提心を因と為し、大悲を根本と為し、方便を究竟と為す」の思想を真言宗では、宗教活動の出発点としているものです。

続いて、究極の「悟り」について述べられます。

「金剛秘密主よ。ここで言う菩提とは何であろうか。それは自らの心をありのままによく知ることであろう（如実知自心）。このことが即ち、無上正等覚（悟り）なのである。金剛秘密主よ、そこには微塵程の法もなく又、得るところもない。それは菩提が実は虚空に等しいからである。それ故に、それは悟るものでも、また悟られるものでもない。何故なら菩提には相がないからである。秘密主よ。一切の法もまた無相であり、即ち虚空なのである」と。

この「一切は虚空（空）である」という考えは『華厳経』でも説いており大乗仏教の説く重要な思想の一つです。密教ではその虚空からすべてが生まれると考えているのです。これは現代科学が到達した量子論の説明する世界観と同じものと言えます。

「如実知自心」とは、瑜伽や瞑想により一切の先入観や経験を超えた真実に気付く、即ち一切が虚空であると気づくことです。言い換えればわれわれの心も、衆生の心も、皆、仏の心と同じ虚空であることに気づくことです。これが悟りだというのです。そしてそのわけ隔てのない仏の心を実行するのが方便波羅蜜多たる利他行なのです。

くり返しになりますが、一切が虚空であるとは、自分も、衆生も、仏もすべて空ですから、実は平等なわけです。われわれ衆生は仏と一緒だということなのです。

一方で、一切が虚空だというのですから、悟りを実感するという衆生済度を実行するには、形ある物、即ち三昧耶形が大いに役立ちます。例えば金剛薩埵を実感するには金剛杵を持つことで実体化しやすくなります。印相や三昧耶形で仏さまを実感しやすくします。

このように一切が虚空だという認識に基づいて、密教では印相、印契、三昧耶形など、形あるものを重視するのです。

この「如実知自心」は、密教の悟りのあり方を示している最も重要な語句の一つです。先に取り挙げた『秘鍵』の冒頭にある「夫れ仏法遥かに非ず、心中《しんちゅう》にして即ち近し。真如外に非ず、身を弃《す》てて何《いずくんか》求めん。迷悟我に在り。則ち発心すれば即ち到る。明暗他に非ず。則ち信修すれば忽ちに証す」の根拠となるところです。そしてこの「菩提心を因と為し、悲を根本と為し、方便を究竟と為す」という理念を実態化させたものが、『十住心論』で言えば、最後の十番目に密教の立場を表す「秘密荘厳心」です。また後にとりあげる『理趣経』は、この理念を、輪廻（有）に留まり、有情に最高の利益をなすという実行理念として説いています。

大日如来とゴッドの違い

諸仏の王であり、宇宙そのものを表す大日如来は、『華厳経』に「毘盧遮那勝智」として最初に文字となって現れてきた仏です。

もっとも『華厳経』の説く盧遮那仏は、語源的には太陽の光を神格化したものであり、そのことは『雑阿含経』にすでにでています。しかも先に触れたゾロアスター教の中心となるアスラの王と太陽の関係を木村清孝氏は指摘しています。[2] また大日如来とゾロアスターの関係については岡田明憲氏も、[3] そしてそのゾロアスターと弥勒やミトラ神との関係を立川武蔵氏も取り上げています。[4]

この大日如来は身近な例えとして太陽の光が、ちょうど曇りの日に、太陽が雲に隠れ、夜になると太陽の光が見えなくなりますが、だからと言って太陽が、太陽の光がなくなったわけではなく、太陽の光は照り続けています。このように、われわれ衆生の目には、煩悩や、間違った考えにより心が閉じた、真実を見ようとしない気持ちによって、雲がかかったり、夜のごとく太陽が見えなくても、光が感じられなくても、真実は存在しているわけです。

このことは太陽のみならず、宇宙のすべてを知らなくても真実の宇宙が存在しているように大日如来のお教えはいつでも示されていると密教では考えるのです。

では、この大日如来と一神教でいう神とはどう違うのか。

私はこのように思っています。

一神教でいう「神」は創造主です。すべてを創られた方です。人間をはじめ宇宙のすべては、この「神」によって造られた被創造物にすぎないものです。神と他のものとはその立場は画然とした違いがあります。創造主と被創造物の違いです。神は大宇宙の外にいる存在です。だからイエスが磔刑を受けたときに「わが神よ、なぜ私をお見捨てになるのか」という問いが生まれるのです。遠藤周作の『沈黙』においても「なぜ」がでてきます。『旧約聖書』には何回も神への問いかけがでてきます。

一方、大日如来は、宇宙のすべては大日如来が現れた姿だというのです。お釈迦さまも、お不動さまも、阿弥陀さまも、経典の『法華経』も、『華厳経』も、すべて大日如来が現れたもの、それどころかあなた自身もそうだというのです。すべてが大日如来の血液であり、手足であり、胴体だというのです。大宇宙そのものが大日如来だからです。仏教では、「なぜ仏はこんなことをなさるのですか」という一神教のような問いかけはないのです。仏とは自分自身のことだからです。

『涅槃教』に、「一切衆生悉有仏性」という表現があります。先に触れた曹洞宗の開祖、道元禅師（1200〜1253）が、「山川草木悉有仏性（山川草木、悉く仏性有り）」と読まれた如く、密教では、「自然界のすべてには仏性が有る」と考えます。禅宗は瞑想を重視した中国で生まれた仏教です。先に触れた「本地垂迹説」は、奈良時代から始まっていた神仏習合（神と仏を同体と見る）の考えです。仏が神の姿をして救済するというものです。権現も同じ考えを表したもので、日本での神の神号の一つです。この権という文字は「権大納言」などと同じく「臨時の」「仮の」という意味で、仏が「仮に」神の形を取って「現れた」ことを示したものです。

日本ではすべてが神であり、仏であるという感覚が定着しています。自然の美しさに頭をたれ、朝日を拝み、夕日を拝むのです。八百万の神を実感しているのです。小泉八雲（ラフカディオ・ハーン）が出雲で、土地の人たちが朝日を拝む姿に感動していたように、日本のすべてが神であり、仏であるという信仰のスタイルは、これからの社会の宗教の有り方を示しているとも言えます。

真言宗の信徒は「南無大師遍照金剛」と唱えますが、この「遍照金剛」は、空海が恵果和尚から授けられた灌頂名（金剛名）です。この「遍照《へんじょう》（遍く照らす）」という言葉は『金剛頂経』に出てきます。「同行二人」も「遍照」と同義の言葉で、いつもお側におられるという意味です。言い換えれば、大日如来が空海となってついておられるという信仰スタイルです。量子力学的に言えば、「いつもお側におられる」と信じる者にはいつも同時にどこでもおられることになります。

灌頂は文字通り、頭頂に聖水を灌ぐ儀式です。

キリスト教では「洗礼」といいます。浸水とも言い、水と聖霊による生まれ変わりを意味します。密教ではインドの周りの海からの水を灌ぎ、世界（三界）のリーダー（法王）と同等になった（位）ことを表わします。それぐらい重要な儀式です。

『大日経』には、この他にも、「六十心」をもって「心の有り様」を示されたところなど重要な内容が書かれていますが、ここでは、大日如来はあらゆる姿をとって衆生済度されていること。そして密教は「具体的な救済行動」である「方便波羅蜜行」こそが、密教の核心であること。密教の宗教としての悟りは、自らの心をありのままによく知ることであり（如実知自心）、このことが無上正等覚であるということを取り上げました。これらは、密教の、仏教の、いやどの宗教にとっても信仰の核心となるところであり、その原動理念となる思想だといえます。

（1）執金剛秘密主　『大日経』では十九の金剛手菩薩が出ています。この執金剛秘密主が代表者です。代表して質問します。対告衆と言います。（2）『華厳経入門』p.44（3）１９４７年生。東洋大学文学部仏教学科卒。東海大学文明学科博士課程修了。インド・イラン学専攻。著書に『ゾロアスター教』、『ゾロアスター教の悪魔払い』、『ゾロアスターの神秘思想』など（4）立川武蔵『弥勒の来た道』ＮＨＫブックス 1229　p.33 他

2.『金剛頂経』が求めているもの

所願成就の方便門を説く密教

『金剛頂経』では、密教の出家者や行者に資格を与える灌頂や、衆生済度の手段である護摩法や真言や陀羅尼の唱え方、印相の示し方、仏を称讃する意味、瑜伽による瞑想の仕方などの願い事成就のための方便門（方法）が説かれています。

後期密教で取り挙げられる内容のほぼすべてが『金剛頂経』で取り上げられています。

一般的には『大日経』が「理」（理念）を表した経典と言われるのに対して、『金剛頂経』は、如来の「事」（方便）を表した経典と言われていますが、『大日経』も「具縁品《ぐえんぼん》第二」以下は「方便門」が説かれています。このように密教は方便門を重視した仏教です。密教経典には、具体的な衆生済度の方法が説かれているのです。そこでこの『金剛頂経』では、次の三点を取り上げます。

第一点は、われわれ衆生にとって所願成就させる瞑想のあり方です。密教のいう虚空（観念の世界）から現実世界で所願を具体化させる瞑想の有り方です。

第二点は、『法華経』などの「お題目」を唱える功徳、そして「南無阿弥陀仏」などの称仏名の功徳について『金剛頂経』はどのように述べているかです。

それは浄土宗が生まれて以後、平安末期から鎌倉時代にかけて生まれた新しい宗派に密教の姿を見るからです。一切の衆生を済度するという密教の核心が、この平安末期から鎌倉時代にかけて生まれた新しい宗派にあると私には思えるのです。

第三点は、密教はインドの神々も曼荼羅に取り込み、仏法を護る神々としています。それが諸天です。諸天をどのようにして降伏《ごうぶく》し、仏教に帰依させたかについてです。

密教を理解するために、密教の修法の中心手段である真言及び印について、瑜伽について簡単に触れておきます。

真言とは祈願を表すサンスクリット語の成句です。長いものは陀羅尼、または明《みょう》、或は明呪《みょうじゅ》とも言います。種子字は仏を一字で表した梵字です。

印相とは印契《いんげい》とも言い、仏の悟りの境地や誓願（三昧耶）などを表し、狭義には手の印を言います。三昧耶形の一つです。この三昧耶形とは、先に触れたように仏の印相や仏の持ち物のことです。仏の悟りを形で現したものです。現実の事物と常にリンクすることにより、衆生済度する行者は密教を実感しやすいものにしています。例えば菩提心を金剛杵で象徴し、光り輝く存在として不壊を表し、金剛鈴は音により仏さまの喜びを象徴し、自らが金剛薩埵であることを実感するものです。密教の面白いところは単なる観念論ではなく、このように具体的な方便を用いるところです。法具を用いて具体的に表す、具体的に示すところです。

カソリック教を除く一神教では、偶像崇拝を禁止しています。

密教は、まったく逆です。形や姿を大事にするのです。形や像は真実を理解するために、イメージしやすくする手がかりを与えるものだからです。

空海は『声字実相義』の中で、「如来の説法は文字や声で伝わる」と述べておられますように、密教では具体的な形あるものを大事にするのです。瑜伽とは日本でヨガと言われているものですが、この瑜伽は、意識を集中させ、仏と一体化させる瞑想のことです。この瞑想をスムーズにできるように、意識、或いは気の流れをよくするためにヨガ体操をするのです。

この瑜伽を『大日経』では「阿字観」が、そして『金剛頂経』では、仏を成就する方法の一つとして「五相成身観《ごそうじょうしんかん》」が示されています。「空（観念）」から「有（実体化）」を実感する瞑想法です。

この「空」から「有」を認識できるかどうかについて空海は『声字実相義』の冒頭で、次のように述べています。

「如来の説法は、必ず文字による。文字の所在は六塵その体なり。六塵のもとは法仏の三密、即ちこれなり」とあります。六塵とは、五感と意識（心）です。如来が説く説法は、この五感と意識（心）を通じてキャッチし、文字によって理解されるのです。その理解されたものが、如来の身・口・意、即ち三密（身密・口密・意密）そのものだというのです。すべては仏が現れたものであることを「悟れる者をば大覚と号し、迷える者を衆生と名づく」というのです。具体的に現れている世界は、如来の身・口・意である三密が現れたものだ。このことが実感できるかどうかが密教理解の核心です。

「空」から「有」を生む瞑想法

「空」から「有」を生むことを実感させる瞑想法が『金剛頂経』では五相成身観です。

この『金剛頂経』の説く五相成身観は、釈尊の修行中の姿としての一切義成就菩薩が、菩提樹下（菩提道場）において四魔を降伏され、仏になられた境地を瑜伽行として実践する瞑想です。これは真言行者が、毘盧遮那如来（大日如来）と一体となる、即ち「即身成仏」する密教の瑜伽の方法です。

まず菩提心に気づく「通達菩提心」、その菩提心を実感する「修菩提心」、金剛心を成じる「成金剛心」、金剛身になった証を得た「証金剛身」、そして仏になる「仏身円満」の五段階による瞑想で、仏身を実感するものです。即ち一切如来が持っている普賢（仏の究極の菩提心）、即ち金剛を、瞑想により自らの心に取り込み、有身として「空」の実践者になると観想し、実践していくものです。

密教の実践者となるには、この瞑想法が決定的に重要となります。その核心は、思い込んでしまう、成り切るところです。五相成身観は、精神集中する行法の一つですが、人間が物事に取り組む時、達成感がないとなかなか長続きしません。五相成身観のような各段階の体感を示した行体系こそが、その達成感を実現させるものです。

ここで何より重要なことは、心の中で「成り切る」ところです。金剛の如き決意で「成り切る」ことです。これは出家者のみならず、われわれ衆生も物事に取り組むとき、『秘鍵』に説かれている如く自分を信じる、信じ切る、成り切ることこそ核心なのです。スポーツをしている人は実感されると思いますが、自分が野球のピッチャーであれば、大谷翔平に成り切る、打者であればイチローに、ゴルフをする人であれば松山英樹に、テニスであれば錦織圭に成り切ってプレーすることが、技術をあげるのです。ここでは金剛薩埵に成り切ることが重要な瞑想法なのです。

魔群（四魔）とは何か

しかしながら成り切ることの難しさ、つい、心に不安を覚え、迷うからです。

われわれ衆生は、物事に取り組むと必ず迷います。病気に罹ってもいつ治るか不安です。いや、治ることがはっきりしていれば悩みません。学校を受験しても合格が判っていれば悩みません。また他人が上手くいくと嫉妬し悩み迷います。

この悩み、嫉妬し、迷うという人間の業《ごう》ともいうべきものを仏教では悪魔の誘惑と捉えるのです。絶世の美女の誘惑ととるのです。修行者が女性ならば、逞しい美形の男性の誘惑なのかもしれません。この誘惑に打ち勝つことがいかに困難かは、悩み多い毎日を過ごしているわれわれ衆生には実感できるところです。広島カープや阪神タイガースで大活躍し、阪神タイガースの監督をしている金本知憲氏は、現役の頃、激烈な筋肉トレーニングと、試合後も身体にむち打っての素振りをされていました。きっと強い心があってこそと思いきや、根は「弱く、直ぐ諦める」とか。「だから（いつも）自分で戒めてきた」と述べています。(1)

この誘惑を釈尊は克服された、打ち破られ、不動の境地を悟られたわけです。だからこそこの誘惑を克服された状況、心情、更に不退転の決意で衆生済度に出られた釈尊の姿を、密教では重点的に取り上げているのです。後期密教の中心尊である阿閦如来は、世尊毘盧遮那（釈尊）が菩提道場（菩提樹の下）で四魔降伏された境地を表す仏です。

阿閦如来を表す智慧は、大日如来の智慧のすべてを映し出す大円の鏡に例えた大円鏡智です。この阿閦如来は、『金剛頂経』の説く金剛界マンダラでは東に位置します。東は菩提心を表し、最初を示します。しかも大円鏡智は菩提心堅固を象徴します。この菩提心は普賢菩薩でも表します。またこの東の表す最初は、釈尊が菩提樹の下（菩提道場）で降魔し、成道された菩提心堅固を象徴します。その真髄を阿閦如来で具象化しているものです。この降魔に成功した阿閦如来の菩提心堅固な不動の境地こそが、『金剛頂経』の説く衆生済度の基礎となり、後期密教の中心となるところです。

「迷い」の克服がいかに重要なことであるかを、この阿閦如来が示しています。

私は長く受験指導をしてきましたが、受験生の最大の難門は何かといえば、それは迷いです。自分の実力と受験する大学の合格ラインとで起る心の葛藤です。その葛藤を助長しているのが偏差値ですが、この偏差値は参考にするものであっても、決定的に重要なものではありません。それは精神科医として活躍されている和田秀樹氏、私は彼を受験の神様だと思っていますが、彼が慶応大学の合格者と偏差値の関係を書いているのを読んだことがありますが、あまり関係ないことをデータで示しています。私自身も受験生が、偏差値による難易度の低い大学をすべり、難易度の高い大学に合格している例を幾度も経験しています。それもたいていの場合、一番進学したい大学に合格しているケースが結構あるのです。受験勉強とは受験したい学校が決まってからする勉強のことです。そのためにも偏差値に振り回されることなく、受験したい大学を早く決め、その対策にかかることが重要です。迷っている間、たいていの場合、勉強していないのです。

金剛の如き決意

密教の方便門は衆生済度の最前線にいる行者が心得るべき心構えです。そのためにむやみに口外することを強く戒められています。これは密教だけではなく、男・女尊による瑜伽などを重視しているインドのヒンズー教も同様で、秘密伝授を受けていない者に成就法の秘密を教えることは、許されざる罪過とされています(2)。

先に触れました玄奘三蔵の『大唐西域記』を基にした『西遊記』は、実は中国（南華）密教の秘伝書です。それは密教の行者がしばしば通力を発揮したために、たびたび弾圧を受け、寺を焼かれ、僧侶も殺されたからです。そのために密教の法を秘密裡に伝えるために『西遊記』という形で残されたのです(3)。

何度もふれますが、密教では衆生済度に取り組む姿勢が金剛の如く固い決意でなければならないとしています。これは釈尊が菩提樹下（菩提道場）で悟られて以来、終生衆生済度されてきたその決意を示したものだからです。このような決意をもった修行者（行者・菩薩）こそが金剛薩埵です。言い換えれば釈尊のみならず、空海は勿論のこと、その師の恵果も、最澄も、法然も、親鸞も、日蓮も、道元も、栄西も、智顗も、中国で称名念仏を中心とする浄土思想を完成させた善導も、大乗仏教の興隆者である龍猛《りゆうみよう》も、まさに金剛薩埵そのものです。いやそれどころか日夜衆生済度に心を堅固にし、真剣に励んでいる人たち、宗教家のみならず、政治家も、経済人、医療従事者も、教育者も、作家も、どの分野の人たちも、この決意を持った人こそは金剛薩埵と言えます。受験勉強に取り組んでいる学生も金剛薩埵の決意で取り組んでいる者が合格するのです。

現役時代の王貞治氏について、同じく現役時代の野村克也氏が銀座のクラブで偶然一緒になり、飲んでいたところ、夜の九時になり、王は「荒川さんのところへ行きますので失礼します」と席を立ったそうです。王は荒川博道場へ素振りの指導を受けに行ったのです。そのとき野村氏は、今後自分の野球記録は王にすべて破られると感じたそうです。まさに金剛薩埵です。もっとも野村氏も間違いなく金剛薩埵といえる選手でした。

先に取り上げた『般若心経秘鍵』には、顕教と密教について、「顕密は人にあり」とあり、どの経典も見る人に依ると書かれています。そのような見方からすれば、『無量寿経』に出ている阿弥陀如来の修行中の菩薩である法蔵菩薩は、すべての有情を救いたいという誓願をもった金剛薩埵そのものです。また、その法蔵菩薩が誓願される世自在如来は大日如来が世自在如来として現れた仏であり、この法蔵菩薩は釈尊の修行中の姿とも言えます。

「称名念仏」も「お題目」も密教のいう三昧に入る方便です。

最澄や空海が導入した密教の教えを継ぎ、更に衆生に対して密教の言う救済を実行した人物、即ち空海の言う「秘密荘厳心」を実行した人物こそ法然（１１３３年５月13日〜１２１２年２月29日）ではないかと私は思っています。

法然は比叡山で修行し密教も修め、その上で、命がけで衆生済度に取り組まれた方です。もともと念仏行は、後に天台座主になられた円仁（７９４年〜８６４年２月24日　第三代天台宗座主）が唐から「密教の行」の一つとして持ち帰られたものです。

法然が亡くなられるときには私淑する円仁の衣をまとって亡くなられたと言われています。この称名念仏については『金剛頂経』にその根拠が書かれています。また『法華経』の経題を唱える「お題目」も三昧（三摩地。等至。妄想を離れて集中すること）に入る行法の一つです。

三昧とは集中して仏と一つになる、仏の境地になることです。

空海、最澄が日本に導入した密教は「鎮護国家。天下泰平。国家安穏」を目指したもので、天皇や貴族の宗教として採用されました。それでも空海は、綜芸種智院という大衆のための学校を創られたように衆生を救う多くの取り組みをされています。

日本での密教の基本は「鎮護国家」を実現させる宗教でした。そのために最澄も、空海も天皇の庇護のもとに宗教活動をしてこられた大宗教家です。しかしながら「密教」という言葉の響きに見られるように、大衆には、呪いの宗教、奇跡を起こす宗教、護摩法に見られる華やかな宗教だったでしょうが、衆生の生活とあまり関係のない宗教、せいぜいお呪いの宗教だったと思われます。

仏教が密教の説く一切の衆生を救うという一般の衆生が実際に救われる状況を生んだのは、法然に始まる平安末期から鎌倉にかけて広まった浄土宗であり、日蓮宗などです。

法然は平安から鎌倉へという大変革期に苦しむ貴族や武士、大衆の救済を実行しました。そのための何よりすごい決断は、衆生が救済を実感できる「称名念仏」を採用したことです。ちまたに悩む衆生があふれ、その衆生が実行可能な「称名念仏」こそ、当時もっとも必要だった密教の実践の姿だったと私には思えます。当時、戦乱が次々に起こり、人を殺すことを本業とするサムライには、成仏できるかどうかという問題は、決定的に重要なことだったのです。考えてみれば、サムライだけではなくすべての衆生にとって、生きることは苦労の連続です。嘘をつき、盗み、生き物を殺し、つい怠ける毎日です。それでも仏さまは救ってくださるかどうかは、衆生にとっていつの時代でも大問題だったわけです。

親鸞も言っています「愚禿親鸞《ぐとく》」と。自らを「おろかもの」と。悩みに悩んだ言葉です。戒が守れない。仏教の説くことが実践できない。真面目に人生を考えれば、すべての衆生は「おろかもの」です。真言についても、印相についても、瞑想についても衆生はわかりません。そんな時に仏教を、そして密教を通達した法然が、密教の秘法として円仁が中国より持ち帰った「称名念仏」こそが、一切衆生を救済する成仏への確信を得るものだと示したのです。

阿弥陀如来への信仰は、先にふれたように大乗仏教の始まりとともに生まれています。中国の善導が、中国で浄土思想を完成させますが、この「称名念仏」による信仰が、一切の衆生を救済するという日本の密教に革命を起こさせたと思えるのです。革命というのは常識を覆すことです。まさに法然は密教の実践に革命を起こしたのです。浄土宗や浄土真宗、そして日蓮宗が密教であるという人はいません。しかしながら、密教の経典を読むと、一切の衆生の救済こそ密教の基本テーマであることがわかります。

空海が本格的に密教を日本に導入しました。

当時の最先端の仏教を日本に導入したのです。

その密教の経典には釈尊のごとく不動心の覚悟で、一切の衆生を救済することが書かれています。まさに空海が日本に導入した密教があたためられ、熟され、その中心となる太陽を模した大日如来が、その姿を阿弥陀如来の姿で示し、一切の大衆を救済する実践として日本の浄土宗が生まれたと

金剛界如来　高野山真言宗　大御堂山　光平寺　本尊

私は思うのです。

　なぜ、法然が円仁を深く帰依したのか。

　それは一切の衆生済度の実践として、円仁が密教の実践として「称名念仏」を日本に導入したからではないでしょうか。法然にとって衆生済度の確信を得られたのが、「南無阿弥陀仏」という称名にあったと思えるからです。空海が日本に密教を導入し、天皇の庇護を受け、貴族の支援を受けた密教が日本の仏教の中心に輝きますが、その密教が説く一切の衆生を金剛の如き不動心をもって救済した法然に、空海の姿がダブって私には見えるのです。

　本稿では法然の「称名念仏」について述べることが目的ではありませ

んので、ここではこれぐらいで終えておきますが、そんな一切の衆生を救済するという観点から鎌倉仏教は、まさに密教の日本化したものだと私は思っています。

密教の中心経典である『金剛頂経』には、多くの箇所で仏を称賛する功徳について述べられています。その代表的な箇所が、『金剛頂経』の説く「百八名讃」です。そこには金剛手菩薩がこの「百八名讃」を聞く者はすべて、そして誰であれこの「百八名讃」を誦し、あるいは修すれば、一切の所願成就が得られることが述べられています。これは当然、修行者、出家者の立場に立った者が、所願成就が得られる功徳についてですが、この「百八名讃」を一般の衆生のために翻訳したときには、仏名を称する者、経典のお題目を唱える者は、すべて所願成就する、成仏できることを示しています。まさに鎌倉仏教といわれる日本で広まった浄土教系の宗派や日蓮宗系の宗派が、「南無阿弥陀仏」と唱える「称名念仏」も、「南無妙法蓮華経」という「お題目」を唱える信仰も、三昧に入り仏と合一して成仏できる、一切の衆生が所願成就する、仏性を目覚めさせる衆生済度の方便だったと言えるのです。

密教は、「空即是色」の宗教

精神世界のすべてである法界を表す大日如来は、無身にして形をもたず、又、どのようなことにも影響を受けない心の中の境地（空）でもあります。その如来を表す境地を身につけ、菩薩となって衆生を染めていく、即ち有身（身体）をもって、衆生済度していくのが釈尊であり、その姿が金剛薩埵です。

密教ではこの「染」という言葉をよく使いますが、これは丁度、紙や布が色に染まっていくように仏の教えを衆生に染めていくことを指した言葉です。

般若・智慧を象徴する「空」は、形をもたない無身ですが、それを密教では具体的に有身（薩埵）で表すのです。ここが密教の核心です。先に取り上げましたように空海はそのことを「秘密荘厳心」という言葉で説明しています。

何回も触れますが、この「秘密荘厳心」こそが、密教そのものを表す言葉です。

経文ではそれが「三（身・口・意）無尽荘厳蔵」という言葉で出てきます。「空」に留まらず具体的な形、「三無尽荘厳」、即ち「空」を実体化した無尽に荘厳された身・口・意を用いて衆生済度する姿こそが金剛薩埵なのです。

空海は、『華厳経』の教えを「極無自性心」と「空」の究極、最高の悟りと位置づけ、密教を、カテゴリーの違う実行主体の実践の宗教と位置づけました。卑近な言葉でいえば、密教は空が具象化した「妙有」の、「空即是色」の宗教なのです。密教の面白いところは、このように瞑想の中で体得した「空」を、更に具象化し、実践することを説いているところです。

高野山には次のような話が伝えられています。

空海が唐からの帰路、日本での密教流布の地を授かろうと、船上より三鈷杵を日本に向けて投げられました。帰国後、高野山で松の枝に引っかかったその三鈷杵を見つけられ、高野山を密教の道場にされたというものです。これは空海が、如来の加持による思念の中（空）で、三鈷杵を日本に向けて投げられ、帰国後、高野山で三鈷（三本葉）の松を見つけられ、これこそ自らが念じた三鈷杵が、妙有として現れたものだと、閃かれた（如来加持によるインスピレーション）と私は思っています。

実際この地は密教流布の聖地となったのです。この加持は密教では重要な概念です。仏さまからいただいた、仏さまから加えられたお力と考えると理解しやすいでしょう。瞑想、加持、思念、閃きは密教にとって非常に重要な信仰行為です。

天部の神々を降伏する降三世《ごうざんぜ》

『金剛頂経』の第二章の「降三世品」には、三世（過去・現在・未来）の神々（インドの諸神。外道）を降伏する大金剛忿怒薬叉の境地になった金剛薩埵（降三世の姿）の言が述べられます。先に触れましたように密教は大乗仏教の終盤に広まった仏教ですから他の宗教との軋轢があります。「降三世品」の「インドの神々の降伏」だけではなく、『一切悪趣清浄経』や、『降三世儀軌』や、『金剛頂大秘密瑜伽タントラ』などの密教経典にも、当時の降伏の状況を生々しく映し出した記述があります。(4)「降三世品」では、調伏難化な（説得の難しい）有情や外道を強力な力で降伏してゆく金剛薩埵が、世尊毘盧遮那に代わって説法を始める形が見られます。毘盧遮那に代わって説法する話は『華厳経』にも出てきますが、「降三世品」では、金剛薩埵に絞り込まれています。「降三世品」では、天部の神々（インドの諸神。外道）を仏教に帰依させようと毘盧遮那が金剛薩埵〔＝降三世の姿。釈尊〕に託して降伏（実行）させるのです。

調伏難化な者を降伏する時に降三世の姿を取るのは、この『金剛頂経』や『理趣広経』だけではありません。密教の経典である『一切悪趣清浄経』でも、『降三世儀軌』でも、『金剛頂大秘密瑜伽タントラ』でも、悪趣（地獄、餓鬼、畜生、修羅）を降伏するときの本尊は、すべて「降三世の姿をした金剛薩埵」です。そしてこの降三世を表す金剛薩埵は忿怒相で、金剛杵をもって強烈な力を示し、密教を信じないで、他の宗教を信じている外道の神々を降伏するのです。またこの怒りについて、「金剛薩埵は一切虚空界に常住して身・語・意の青い金剛を熾燃し続けている」と経典にあります。この青は、忿怒を現したものです。しかもこの青は阿閦如来を表します。一方、赤は阿弥陀如来を、黄は宝生如来を、緑は不空成就如来を表します。白が大日如来です。また「日《ひ》」という言葉が経典に用いられていますが、この「日」とは太陽のことです。この太陽は〈自我を〉殺す存在だと言うのです。そして赤い光明という言葉も出てきますが、強烈な救済、即ち仏の自性そのものを現します。堀田善衛が、インドの太陽と月について、「昼は太陽に打ちのめされ、夜は月（静寂）によって救われる[5]」と書いている如くインドの日（太陽）は強烈です。その強烈さによって救済のへ強さを象徴しているのです。

　後期密教の無上瑜伽タントラでは、怒りを象徴している阿閦如来が中心尊になっていく根拠もここ、『金剛頂経』の「降三世品」にあると言えます。『金剛頂経』では、金剛薩埵（出家者・行者）が毘盧遮那と同等の地位になったことが説かれています。ここが『華厳経』の場合と根本的に違っているところです。

（1）平成27年日本経済新聞12月25日朝刊（2）『タントラ仏教入門』人文書院　p.15（3）張明澄『密教秘伝　西遊記』、『密教秘伝「西遊記」と小周天』共に東明社（4）平岡龍人『密教経軌の説く金剛薩埵の研究』

永田文昌堂 p.145など（5）『インドで考えたこと』岩波新書 p.74

3.『理趣経』はセックスの経典か

『理趣経』とは

『理趣経』は出家した者を対象にした経典です。

真言宗では『理趣経』を常用経典として、日夜に、すべての儀式に用いています。熟練者（出家者）を対象にした経典ですが、有名な経典ですので取り上げておきます。『理趣経』には、性にかかわる言葉も出てきますので、インド人が人生や精神状態をどう捉えているかを、まず、取り上げます。「理趣」とは、「真実のことわり」を意味します。

インド人は、人間の生き方を四段階に分けています。

第一段階は、学習の時期です。学校を卒業する頃まででしょう。この間にダルマ、法について学びます。世の中の原則、真実について学ぶのです。そしてアルトハです。利益について学ぶのです。生きていくすべを学びます。そしてカーマ、即ちセックスです。カーマストラという教典まであり、カーマが重要な位置づけであることが判ります。ヒンズー教では多くの男女合体尊や歓喜像が公開して祀られていることもそのことを示しています。

第二段階はこれらを学んだ後に社会での実践です。就職してから定年ぐらいまでです。

第三段階は定年を迎えて仕事を離れてからの時期です。戒律を学び、生きている間に積もり積もった罪穢れを落とし涅槃に入る準備をします。出家者と同じ生活です。

そして最後の第四段階で、涅槃に入るのです。

非常に合理的で、人間の生き様をしっかりとらえた考え方です。

仏教では、この四段階を「発心」、「修行」、「菩提」、「涅槃」に分けています。

一方、インド人は人間の精神世界を三つのレベルに分けて考えます。

- 「欲界」です。欲にとらわれ活動している世界での精神状態です。
- 「色界」です。物や形にまだ、こだわりが残っている状態です。修行に入り菩提を悟るまでの時期といえます。
- 「無色界」です。欲にも物にもこだわらなくなった状態です。菩提心を持ち涅槃へ入る段階といえます。

密教経典の中心となる金剛薩埵は、釈尊が悟りを得られて以後、終生、欲界で衆生済度を実行されてきたその心構え、姿勢を現しています。この『理趣経』は欲界、即ち私たちが住んでいるこの欲の世界で、高度な精神世界（他化自在天。欲界の頂天）の境地で釈尊が大日如来となって説かれたものです。欲界での最高の境地です。他化自在天で説かれているということは、この『理趣経』が、われわれ衆生の生き様の真の姿を仏の視点で説かれていることになります。この「天」とは境地、あるいは「心」のレベルです。

密教経典である『大日経』、『金剛頂経』や『理趣広経』[1]には阿闍梨の資格、弟子の資格が述べられています。ところが『理趣経』には書かれていません。それどころか密教が最も重視している衆生済度を実現させる「事相」も書かれていません。それは『理趣経』が、密教の熟練者（出家者・達意者）を対象にした「略本」だからだと思われます。しかしこの『理趣経』は「大楽」思想を説く真言密教の核心を説く重要な経典の一つです。大楽思想とは我々の生きている欲界における欲の有り方について説いた思想です。

その大楽思想に基づいた『理趣経』で、人間の行為はすべて清浄な菩薩の行為であると説きます。ところが、もともと仏教は欲に基づいた人間の貪《むさぼ》りや怒り（瞋）、無知（痴）を否定してきた宗教ですから、当然、衆生に誤解を生む可能性の高い経典と言えます。この大楽の「大」は大小の大ではありません。密教では仏さまの絶対的な境地を表した言葉です。『般若心経』に摩訶般若波羅蜜多という言葉で出ていますが、この摩訶は、大の意味で、仏さまの境地を指します。「大楽」は、単なるわれわれ衆生が感じている喜びや楽しみではなく、絶対的な仏さまの目を通した「喜び」を表した言葉です。

『大日経』、『金剛頂経』や『理趣経』などの密教経典にはこの大楽だけではなく、大貪、大我、大持金剛等に「大」が用いられています。これらは仏教で否定的な言葉として用いられている楽《らく》、貪《とん》、我《が》などの自我に関わるものを否定的に捉えるのではなく自我を超えた、即ち如来の自性としての大楽、大貪、大我を表したものです。

金剛薩埵を通じての仏教、いや密教が示していることは、何回もふれましたが、第一に『大日経』も含めた主要な経典は衆生済度の方便（方法）を説いていることです。

第二に密教における主尊が、『大日経』での大日如来から金剛界如来、金剛薩埵、阿閦如来へ移っていくことによって、衆生済度の重要性を明確にしていることです。

第三に密教では、説得困難な他宗教の信者（外道）をも降伏し（心服させ）、すべての衆生を易行方便（誰でもできる方法）で救済しようとすることです。

そしてそれらのことを喜びとする故に大楽、大貪、大欲、愛染《あいぜん》を説くのです。

『理趣経』に、「一切法は自性清浄なるが故に般若波羅蜜多も自性清浄なり」とあります。すべての存在は、自我の入る余地のない本性が「空」であり、当然、自他の分別（区別）がなく清浄です。このことを知る智慧が無分別智（分け隔てをしない智慧）たる般若です。この般若に基づいた行為は、彼岸を成就させる清浄の道であることを示しています。大乗経典である『涅槃経』や『法華経』などには、「一切衆生悉有仏性」と、仏性（仏になる性質）が私たちにあることが説かれています。私たちの肉体も精神も煩悩にまみれた存在ですが、その中に仏性はあるのです。

これは非常に重要なことで、決定的に一神教と異なった考え方です。

一神教では、人々は神には絶対になれませんが、仏教は一切の衆生も成仏できることを示しているからです。そのモデルが釈尊なのです。自分のことしか考えない我欲に満ちた人々で溢れている現代社会でも、その汚濁に染まらない仏さまになれる性質、仏性が、私たちにはある。それは泥中に咲く蓮華の如くだと言うのです。その汚泥があってこそ蓮華は咲き、仏性が光るのです。それを仏性は如来の清らかな心（浄菩提心）と堅固な智慧（金剛）によって成り立っています。

密教では、具体的に浄菩提心を表す月輪《がちりん》（月）の中に表す金剛杵によって象徴します。先ほども触れましたが、大楽、大欲、大貪で表される「大」は、仏さまの衆生済度への強さ、言い換えれば利他行の喜び、強さを象徴しているものです。

一方、人間の三毒（貪り、怒り、無知）は、自利に基づいた我欲そのものです。ところがそれが清浄だということは、自利が我欲で終わらず、大自利になったとき、自利利他になったとき、即ち菩薩道になったとき、如来の誓願を実現させる如来道となったとき、三毒が大楽、大貪、大欲になるものだからその本質は清浄だというのです。

ここにこれからの社会のあり方が見えてきます。

それはこの大楽、大貪、大欲こそ、無制限の愛を説き、社会奉仕を説くキリスト教の本質が見えるからです。「敵を愛し、あなたがたを憎む者に親切にしなさい」や、「誰かが、あなたの右の頰を打つなら左の頰をも向けなさい」という考えはまさに、大愛であり、大楽の考えです。

仏教では「愛」は執着を表す三毒の一つだとみなします。

例えば、女房や子供への愛は執着を生み、差別を生みます。ところがその愛が自分の女房や子供だけではなく、生きとし生けるすべてを愛するものであれば、それは間違いなく仏の愛になります。自我に囚われた愛でなく、敵をも愛する、すべてを愛する仏の「大愛」になるのです。キリスト教が求めているのはこの「大愛」です。大持《だいじ》金剛の「大」も如来の菩提心の強さを表します。衆生済度に表れた大悲も同様です。仏さまの慈悲なのです。

広本である『理趣広経』の正式の漢訳名は、『仏説最上根本大楽金剛不空三昧大教王経』です。

仏が説かれた最高根本である大楽を絶対的な金剛（金剛不空）の三昧（三昧耶。本誓）で説く大きな教えの王の経典。即ち「大楽金剛」の境地を説く経典の王の意味です。

最澄と空海の軋轢《あつれき》

この『理趣経』については空海と最澄に決定的な軋轢を生んでいます。

最澄が唐に行かれた（８０４年）のは、勅命のようなものです。

桓武天皇が奈良から京都に遷都されましたが、その宗教上のバックボーンを『法華経』に置こうと考えておられたからだと言われています。

最澄は、当時すでに学識高く、天皇からの信頼の厚い日本を代表する高僧です。一方の空海は槙尾山寺（大阪の葛城山にある現在の槙尾山施福寺）で、勤操《ごんそう》僧正により剃髪を受けた私度僧です。もっとも入唐直前に東大寺で正式の僧侶になった（８０４年）と言われていますが、どちらにせよその立場は天と地の開きがあります。しかし空海は四国の豪族の出であり、しかも都の今でいう東大のような官吏の学校に入る秀才です。ところがその官吏の学校を途中で出奔し（７９３年）、山野を駆け巡る行者生活に打ち込みます。この間に『大日経』にも出くわします。この経験を基に密教を学ぼうとしていたのです。密教に対する意気込みの強い僧侶です。

この新しい宗教に取り組もうとしている空海のスタンスには、現在の情報の巨人、マイケル・デルがテキサス大学を中退し、スティーブ・ジョブズがリード大学を中退し、ビル・ゲイツはハーバード大学を中退し、しかも学生時代にマイクロソフト社を立ち上げているのとダブって見えてきます。過去の知識を基にした大学には学ぶものはないというスタンスです。

空海が唐に行って密教を学ぼうとしたのは、一つには『大日経』や『金剛頂経』など漢訳本には、サンスクリット語を翻訳した部分、音訳した部分（真言・陀羅尼）が混在しており理解が難しかったと思えることです。二つ目には、先に触れましたように、密教経典はそれまで伝わってきた仏経経典とは、捉える視点が根本的に違っているのです。

このこれまでの常識と違う仏教（密教）に出くわし、それを解明しようとした天才空海の姿勢に、天才湯川秀樹博士の姿勢が私には見えます。物理学の常識を変える量子論の論文に出くわし、日本ではそれまで誰一人取り組んでいなかった量子論にとことん取り組んだ姿勢に空海の姿勢がダブります。空海は密教を究め、湯川博士は、ついにはノーベル賞を与えられています。

余談になりますが、大天才でも間違いを起こすことです。松長有慶師は、空海の著書である『秘鍵』にも細部に間違いがあることを指摘されていますし、湯川秀樹博士の「中間子の論文」にも細部に間違いがあることを佐藤文隆京都大学名誉教授が指摘されています。われわれ凡夫は細部にこだわりますが、大天才は本論がしっかりしていますから問題にならないのです。

「一切皆苦」が象徴していますように、従来の仏教の、人間の煩悩に満ちた生き様を否定的に見る視点ではなく、密教の経典は、むしろ仏の加持（仏さまが加えられた通力）による人間の生き様を積極的に肯定的に説いています。それは従来の仏教は人間のあるべき姿を悟ることを目指したものですが、密教は衆生済度の方便を重視した宗教だからです。しかしながらこれは解釈によってとんでもない誤解を生む余地をもっています。

最澄は通訳を連れた短期の国費留学生として、空海は私費留学生として同じ船団で唐に向かいます。そして最澄は天台山で『法華経』を学んだ後、密教の伝授も受け、帰国します（８０５年）。帰国した最澄は桓武天皇に留学の成果を報告されますが、天皇は『法華経』には見向きもされず、最澄が持ち帰った密教に強く関心を持たれたそうです。

その後に空海が本格的に伝授された密教を持ち帰ってきたのです（８０６年）。そこで空海が持ち帰ってきた密教を学ぼうと、最澄は空海の指導を受けておられます。ここが最澄のすごいところです。仏教に取り組む真摯な姿勢が伝わってきます。

『理趣釈経』から、見える知識より知恵

ところがこの二人の関係は、最初は上手く行っていますが、時間とともに空海と最澄の仏教観の違いが出てきます。それが明らかになったのが、『理趣経』の注釈書である『理趣釈経』の問題です。

『理趣経』では人間の行為はすべて清浄であると説きます。

これは人間が悩み苦しむ根源に貪（むさぼり）瞋（怒り）癡（無知）という三毒があるというこれまでの仏教観からすれば非常に危険な思想です。

仏教の経典には註釈書が重要となります。註釈書は先人の経験智慧の塊だからです。空海が『大

日経』の理解に『大日経疏』を重視されたように、そして法然が浄土宗を興すにあたり善導による『観無量寿経疏』を重視していたことからもわかります。「疏」とは註釈書のことです。『理趣経』の理解には、註釈書である『理趣釈経』が重要な役割を持ちます。

そこで最澄は、空海にこの『理趣釈経』を借りることを求めます（813年）。ところが、空海の拒否にあい、これを契機に空海と最澄の関係が悪くなっていったのです。これは仏教についての両者の認識の違い、特に密教についての認識の違いが、空海と最澄に出てきたからだと思われます。

その違いは、空海の説く『十住心論』で言う「第九住心」、即ち仏典の最高峰といわれる『華厳経』の教えを「極無自性心」と置き、密教を現す「第十住心」には「秘密荘厳心」に置いて実践を重視しているところに現れていると私は思います。これは密教の理解を、釈尊が悟られた最高の境地に留まらず、衆生済度の実践に出るのが密教だと空海が理解していたからだと私は考えます。

空海は、祈雨法を修したり、庶民を対象にした私立の教育施設「綜芸種智院《しゅげいしゅちいん》」を開設したり、香川県の満濃池を改修したり、病気を治したり、井戸を掘ったり、多くの衆生からの願いを叶えるために大活躍されています。

最澄も東大寺で受戒の後、東大寺を離れ叡山で修行されていますように、修行を大事にされています。中国の五台山の巡礼に倣い日本独自の修験道を取り入れ平安初期に相応（天台宗の僧）が始めたといわれている千日回峰は天台宗の重要な「行《ぎょう》」になっています。しかし最澄は大乗仏教の伝統による経典の読誦や写経、講伝等の基礎を重視され、顕教、密教両方を学ぶ叡山からは、後に法然（浄土宗）、親鸞（浄土真宗）、日蓮（日蓮宗）、栄西（臨済宗）、道元（曹洞宗）、一遍（時宗）、良忍（融通念仏宗）をはじめ多くの優秀な宗教者（宗祖）を生んでいます。

一方で、高野山からは根を一つにした分派は生まれていますが、新しい宗派は生まれていません。これは恐らく空海の説く真言密教が完成されたもので、新しい宗派を生む余地がなかったからかもしれません。

日本の伝統は、現在でも学校での教育を重視しており、お役人や大企業には学力優秀者が集まって活躍しています。しかしながら一方で、情報社会では、瞬時に新しい情報が往き来していますから、過去の情報の知識以上に、常に新しい情報、現場の感覚、経験に基づいた瞬時の判断力（感性）が重要となっています。それは経済だけではなく、政治も行政も同様です。特に決定権を持つ役所は、その性格上、自分独自の判断を避け、前例や慣行を重視します。しかしながらこの変化の激しい情報社会では、役所に於いてさえも現場感覚による判断が更に重要になると思えます。

たとえば阪神淡路大震災や東日本大震災や福島原子力発電所災害で示されたことは、知識や権限力のある中央官庁の役人や、東京電力の高学歴の幹部社員より現場の技術者、一般の役人、中でも災害現場の市町村の役人や、教師、消防士、警察官などのとっさの判断力が多くの人々を救ったように、変化の激しい現在の社会では、現場の経験に基づいた瞬時の判断力が重要となります。もっともセブン＆アイ・ホールディングス名誉顧問の鈴木敏文氏は、変わる社会を見据えて、「その経験すら縛られずに挑戦せよ」とまで言っています。

空海の密教に対する理解は、密教は本からだけではなく、経験に基づいた智慧が必要であると実感していたのでしょう。空海（７７４年～８３５年）が奈良の都の大学をさり、山谷で修行の日々を送り、潜在能力を高める求聞持法を修したり、知識より経験、経験に基づいた智慧を重視していた姿勢に、密教と共感するものがあったと思われます。一方の七歳年上の最澄（767年～822年）は、秀才ですから書物から学ぼうとする姿勢が強かったようで、空海から多くの密教の経典を借りられ、学ばれ、更に真言密教の中心となる『理趣経』も、『理趣釈経』から学ぼうとされたのです。この感性の違いから両者に軋轢が生まれたと思います。

空海は、密教は本から学んでも、体得できないと判断されていたのです。

実際、空海は長安で、わずか二年余りで密教をマスターされ、恵果和尚から密教の極意を伝授されています。それは日本での修行者としての経験があったからこそです。

最澄への空海の不信は、密教の核心を本から学ぼうとしていたスタンスにあったのではないでしょうか。しかしながら後に天台宗は「修行」を非常に重視した宗派になっています。真言宗より「修行」法がよく整備されています。

この経験を重視した空海の判断は、実は、この変化の激しいこれからの社会にとって非常に重要となるものです。

本稿のタイトルに、『空海に学ぶマインドセット』と表したのは、この「経験を重視した空海の判断力」こそこれからの最も重要な視点だと思われるからです。

この判断力について「判断力が知性の形成に重要な影響がある」とスタンフォード大学ジェラルド・クラブトリー教授が米科学雑誌セルの関連誌で、「一瞬の判断の誤りが命とりになる狩猟採集生活を送っていたころは、知性や感情の安定性に優れた人が、生き残りやすいという自然選択の結果、人類の知性は高まった。ところが農耕が広がると、知性や感情の不安定さは生死に直結しなくなって、自然、選択（する判断力）は停滞。その遺伝子の変異が引き継がれるようになった結果、知性は少しずつ低下しつつある」と指摘。そして紀元前に発展していたギリシャ文化の中心となる「アテネの平均的な人が現代にタイムスリップしてきたら、知性や記憶力が最も優れ、感情も安定した部類に入るにちがいない」と述べています。(2) 判断力が人間の知性や記憶のみならず環境が大きく関係していることを示しています。

妙適清浄句是菩薩位《みょうてきせいせいくしほさい》

では、広本である『理趣広経』を参考に『理趣経』の本文を見ていきます。

『理趣経』の最初の第一段が金剛薩埵の章です。

「妙適清浄句是菩薩位」以下十七の清浄句が説かれています。(3)

この「妙適」は、性的な喜びを表す言葉です。

そのため、『理趣経』がセックスの喜びが説かれた経典のように解釈する人がいますが、この第一段は「妙適の章」ではなく、「金剛薩埵の章」になっています。それは、金剛薩埵、即ち衆生済度に金剛の如き決意で取り組む薩埵（人）の愛について、その衆生済度の喜びが説かれている章なのです。

この章は、『大日経』で取り上げた「菩提心とは、人々を救いたいという仏の慈悲心（愛）のことです。そしてこの菩提心には仏さまのすべてを救うという誓い（三昧耶）がその根本にある」ことが示された章なのです。『理趣経』が単にセックス賛歌の経典でなく、『大日経』の言葉を裏付けている経典なのです。

そのことを証明しているように、この「妙適」は菩提心堅固を表す普賢菩薩で象徴されるのです。まさに菩提心堅固にして衆生済度する喜びを『理趣経』では「妙適」で表し、衆生済度の実践こそ最高の喜びであることを示しています。そしてそのシンボル（象徴する物）である三昧耶形は、『金剛頂経』で示された般若の智慧を現す「金剛鈴《こんごうれい》」であり、方便を現す「金剛杵《こんごうしょ》」です。衆生済度の実践こそ仏の行為そのものだということを象徴しているのです。

空海の像では、右手に五鈷金剛杵を持って、そのことを表しています。またこの「妙適」は、普賢菩薩の働きをする金剛薩埵で表し、『理趣経』の真髄をこの「妙適」が示していると言えます。言い換えれば「妙適」に示されているように衆生済度の喜びこそが密教であり、その象徴が『理趣経』なのです。だから空海は密教の利他行実践の重要性を強調して、その喜びの境地を「秘密荘厳心」と置いたのでしょう。

第一段の金剛薩埵の章では十七の句がすべて菩薩を象徴し、マンダラを構成します。

この十七の句は、「妙適」以下、十七種の日常の行為、現象を清浄な菩薩の悟りの境地であると示され、これらを仏にしてマンダラが構成されているのです。マンダラは、種字からも尊像からも三昧耶形（仏の印契や持物）からも表され、文字が単なる文字ではなく、一つ一つの文字が仏を現します。

十七清浄句の後に「一切法自性清浄故。般若波羅蜜多清浄（一切の法は、それ自体が清浄であるが故に、仏の智慧によるすべての実践は清浄である）」とあります。

これはこの十七清浄句を総括し、人間社会のどんな行為も、現象も、より深い仏の視点でみればすべてが清浄であり、すべてが仏の教えであることを示しています。また経典では、瑜伽を修する者の功徳を述べられ、そして過去・現在・未来に起こるすべての現象が心の作用であるとする三界唯心（唯識）を密教の立場で説明し、十七清浄句の門を修得する意義を明らかにしています。

『理趣釈経』には、この十七清浄句について、「一切法の清浄句門を説きたもう（一切の法が清浄である根拠が説かれる）」とあって、瑜伽行を修する密教の行者は、

①生死流転において（輪廻しても）不染の故に（俗世間の害毒に染まらず）、

②広く有情（衆生）を利楽《りぎょう》（利他行）するが故に、

③速やかに無量（最高）の三摩地（精神統一）をなし、そして解脱の智慧を証する（悟る）が故に、

④速やかに広大なる福徳の資糧（功徳。善根）を集めるが故に、

⑤一切の悪魔、天部の神々衆を超越し、速疾に世出世間（俗世間・悟りの世界）の勝願（最高）の満足を得るが故に、この如来の大悲（十七清浄句）を説く」

とあり、十七清浄句門は『理趣経』の説く目的を明確にしています。

『理趣釈経』では、『理趣経』が密教の行者に対して述べられた経典であり、しかもその行者による金剛の波羅蜜多菩薩行を絶賛したものになっています。

最初に触れましたように、如来とは如の世界、即ち仏の世界に留まらず、衆生済度のために娑婆世界に来ておられる仏のことです。この決意は、『大日経』で取り上げた「三句の法門」、即ち「菩提心を因と為し、悲を根本と為し、方便を究竟と為す」を実態化させるものであり、先に触れた空海の『十住心論』で言えば、最後の十番目に密教の立場を表す「秘密荘厳心」に置いた如く、まさに輪廻（有）に留まり、有情の利益を最高になす（利他行をなす）という実行理念をこの『理趣経』が説いているのです。

十七清浄句は、先に触れた釈尊（ブッダ）が晩年に感じられた感懐である〈あぁ、この世界は美しいものだし、人間の命は甘美なものだ〉という言葉で、この世を去るにあたって人々の恩愛の情に打たれ、人生というものは奥深い、味わいのある、楽しいものだという感懐を裏付けています。

このことは、シッダールタ（修行中の釈尊）が悩み抜かれたこの「諸悪の満ちた俗世間」が、実は釈尊のように真実を見透すお力を身につけられた方（ブッダ）から見れば、「菩薩や仏が陰日向なく支えあっている仏の世界そのもの」であることが判るようになるのです。『理趣経』の「十七清浄句」は、まさにこの「俗世間」が、実は「仏の世界」そのものであることを明確にしている箇所であり、人間のとるすべての行為は一切清浄であり、菩薩の行為そのものであることを説いているのです。

例えば、殺人が、窃盗が仏の行為なのか。それはその犯罪を通じて仏は何を訴えようとしているのかをみる能力が重要となるのです。尼崎で起ったJR西日本の事故も、多くの犠牲者の命を通じて、惰性やマンネリの危険さ、安全の重要性を、命の尊さを、命を懸けて衆生に、交通関係者に訴えているのです。どんな現象も常に仏の視点で見るとき、重要な説法となるのです。亡くなられた方は命がけで衆生済度されているのです。仏さまです。「煩悩即菩提」を説く密教は、この汚れた国土が、そのまま密厳国土、仏国土だというのです。常に仏の視点で、この世界を見れば、まさに仏の世界そのものだというのです。そのことに気が付いた人が、覚者であり、そのことに気が付かず右往左往しているのが凡夫なのです。

『理趣経』を受持《じゅじ》し、読誦する功徳

先に触れましたように私たち凡夫は生きている間中、次々に意識・無意識にかかわらず罪を作っています。約束事が守れず、生き物を殺し、嘘をつき、人の心をかき乱す罪深い存在です。ところが、釈尊はどんな罪を犯したものでも、その罪を認め、懺悔し、仏教を信じる者は救われることを説いています。

では、出家者を対象にした『理趣経』では、そのことをどのように説いているのか。

『理趣経』には、『理趣経』を受持し、読誦する功徳が繰り返し述べられています。朝早く起き、毎日、念(誦)じ、聞き、受持し、読誦し、観想すれば、悟りの世界に入るまでに、この世で犯した罪障は悉く消え、地獄に落ちることはないと、それどころか、如来にもなり、執金剛の位にも得られると述べられています。

この『理趣経』を受持し、読誦する意味は、『理趣広経』の冒頭に、「大貪性の最勝悉地は最高の大楽の悉地を成じる（仏の貪りによる最高の成就は仏の最高の成就である）」とあり、『大日経』、『金剛頂経』、そして『理趣経』から無上瑜伽タントラ（後期密教）へと発展していく密教の立場、即ち釈尊の悟られた後の強い衆生済度への「意思」を、この「大貪性の捉え方」が明確にしていると言えます。

それは有情の願う利益に応え、徹底して衆生済度することが、最高の喜びであると、この経典が示しているからこそ、『理趣経』を毎日、念（誦）じ、聞き、受持し、読誦し、観想する意味があるわけです。この衆生済度の決意を、『無量寿経』では、法蔵菩薩の「四十八願」の中に「われ仏となるをえん時、十方の衆生が至心に信楽《しんぎょう》（心底から信じて）してわが国に生まれんと欲して（一念）乃至十念せん。もし生まれずんば〈正覚をとらじ〉。ただ五逆と正法を誹謗するものを除かん」[4]で表しています。この覚悟は阿弥陀如来（修行中の法蔵菩薩）のみの誓願のように考えがちですが、どの如来にとってもすべての衆生の救済が誓願です。

すべての衆生を救済するという決意は、密教（真言乗）の経典にはしばしば取り上げられています。例えば『入菩提行経』に「私の心は入涅槃を決意していますが、この世の苦悩するすべての人々が、人生の不幸より救出され、誰もが完全な智慧を獲得し、援助されるまでは決して涅槃はとらないでしょう」とあります。空海も８３２年の高野山での万燈会での願文に、「虚空尽き、衆生尽き、涅槃尽きなば、我が願いも尽きなん」とあります。「すべてが悟りに達することが、私の願いである」という衆生済度の誓願です。

十七清浄句では、人間のすべての行為は菩薩が現れた姿だと説かれますが、これはこれまで説かれてきた仏教、即ち衆生済度の対象となる衆生に求められてきた姿勢と真逆のものです。否定されてきた「欲」をはじめとした「貪《とん》・瞋《じん》・癡《ち》」のすべてを肯定的に、それらの中にこそ修行者として必要な姿勢、菩薩の姿勢があるというものです。

この「貪・瞋・癡」の貪はむさぼりです。貪愛ともいいます。瞋は怒りです。癡は無知、無明です。愚痴とも言います。仏教において克服すべきものとされる最も根本的な三つの煩悩がこれらです。煩悩を毒に例え、三毒とも言います。ところがこの三毒の行為は、密教のスタンスでみれば、衆生済度を実行する菩薩のとるべき姿だというのです。衆生済度には人間の本能（煩悩）を動員して徹底して取り組めということです。そして『理趣経』を朝早く起き、毎日、念（誦）じ、聞き、受持し、読誦し、観想する者は、この世で犯したどんな罪障も悉く消え、地獄に落ちることはないとまで言っています。

ここは非常に重要なところであるとともに、出家者を対象とした『理趣経』が誤解を生む可能性のあるところでもあります。それは丁度、法然が出てきて、阿弥陀如来の本願を信じることができれば、どんな人間も極楽往生ができると説き、既成宗教や在野から袋だたきにあった如く、密教も当然、在野からバッシングを受けることになるところです。ところが、『理趣経』にある「十七清浄句を聞いたものは、菩提心を起こして以来、積年してきた一切の罪障が消える」ことより、「愛欲」をはじめとする十七清浄句があまりにも強烈であったために、この文言が注目されなかったと思われます。

仏教は罪を重ねてきたわれわれ衆生を救済する宗教です。

正しい瞑想と正しい行動によって悟り、自らは勿論、他人の救済を説く宗教です。この「十七清浄句が象徴している『理趣経』を受持し、読誦する、聞く功徳」とは、「菩提心に基づいた信仰心」は「積み重ねてきたどんな罪障も悉く消失する。救済される。心配するな」という釈尊が一切の衆生を救済されようとした思想そのものが示された箇所なのです。

どの宗教にとっても、密教のみならず、顕教の仏教でも、いやそれどころか、一神教であるキリスト教でも、イスラム教でも、ユダヤ教でも、罪を犯した者でもその罪を認め、懺悔して信仰するその「信仰心」が、菩提心に基づいた「信仰心」であれば、また、大楽を表したものであれば、積年してきた一切の罪障が消えることを示した箇所であると私は解釈しています。

ほほえみの威力

次に私が関心を持っているところは、ほほえみです。

『理趣経』という金剛薩埵について述べられたこの経典では、衆生済度に対して金剛の如く堅い決意で取り組むことを求めています。そしてその最有力武器は微笑であるとしています。

『理趣経』では、このことは繰り返し述べられています。

ダ・ヴィンチが描いた「モナリザ」は、神秘的な微笑を投げかけ、大衆を魅了して止みません。怒りのマリア像はあるのかもしれませんが、私は見たことがありません。常に微笑んでおられます。

「パッション」の映画で、イエスが血だらけになって鞭打たれるシーンでマリアが出てきますが怒りの顔ではありません。悲しそうな顔でした。もっとも私の女房は、「あれはおかしい、日本人の母親なら、いや私なら飛び出して私を打ってくださいと言う」と言っていましたが、戦争中は勿論のこと、災害の多い日本では、母親や先生が自分の命を犠牲にして子供を助ける事象は、阪神淡路や東日本などの大災害でも見られたように実感できるものがあります。まさに母親や先生の仏性を証明しています。

『理趣経』の説くこの微笑もまた仏性そのものでしょう。各段では、最後のところで、金剛界の大日如来が微笑をもってお説きになっていることが述べられています。難化者、すなわち説得が困難な人物に対して微笑をもって説得することが説かれています。そして衆生済度のための忿怒、即ち怒りは、曲がれる者を説得するための仏の姿だとも述べておられ、その怒りを微笑にして表し説得することが述べられています。

反日の近隣国家は、日本の再生を歓迎していません。

そのために誹謗非難を続けていますが、彼らが巧妙で、微笑をもって攻めてくると、案外、日本人はころっとやられてしまうかもしれません。それは丁度、ハドソン研究所の創設者であるハーマン・カーンが著した『超大国日本の挑戦』(ダイヤモンド社1970年)の中で、「21世紀は日本の世紀」と断言したときの有頂天さが証明しています。微笑こそ難化者を説得する最大の武器であることは、閉鎖型社会になってきた現在の世界ではさらに威力を発揮しそうです。

密教の説くその中心となる金剛薩埵は、如来の性質を本質とします。

そのために瑜伽行者も如来の持つ浄心力（すべてを清めてしまう能力）で、如来と合一する瑜伽をなせば、修行者自身にその如来の性質が入り、無始無終（普遍）の金剛薩埵になるのです。だからこそ『理趣経』をはじめとした密教経典の説く忿怒は、衆生への愛ゆえの如来の忿怒なのです。

また、密教の誤解を生むところですが、恐しいことも説いています。

それは修行者が瑜伽の結果、大持金剛となってその大貪欲性（凡夫の欲ではなくすべての衆生を済度するという如来の欲）が説かれる半面、もし凡夫（修行者）が、これまでの仏教が説いてきた三毒への執着を棄てることを深く聞いて凡夫の持つ執着を生むような貪欲を捨てれば、それを捨離したことによって一番恐ろしい無間の大地獄（独善）に堕すると説いているのです。どうしてかといえば凡夫の持つ貪欲を棄てれば、そのことによって得られる菩提は声聞と縁覚の菩提に過ぎないからだというのです。自分の悟りのことしか考えないものになり、しかも自ら悟る縁覚や声聞は、独善に陥る恐れがあるからです。高学歴者や役所の人たちには、特に心してもらいたい視点です。それどころか一神教の持つ独善性に警告を与えているところでもあるのです。アメリカ社会の持つ独善性は善意に、いやキリスト教に基づいていますから十分注意が必要です。

修行者は、常に衆生との接点（現場）を重視し、その上で衆生済度に金剛の如き決意を持ち、実行する主体でなければならないのです。悟るだけでは駄目だ。声聞や縁覚に留まって満足してはいけないというのです。ここが密教の核心でもあるのです。

この『理趣経』が真言宗で常用経典にされているのは、この法門の受持読誦の功徳にもよりますが、なによりも如来の三昧耶（誓い）を自らの三昧耶として実践していく衆生済度こそが、最も重要な宗教活動と説いているからです。

この『理趣経』は特別な経典のようにとらえられていますが、密教では「煩悩即菩提」を説き、如来は一切衆生を済度する誓（三昧耶）を持っていることを説いているのですから、当然の帰結と言えます。ただ誤解を生む余地が十分にありますから、一般の大衆に説くには十分注意が必要なことは言うまでもありません。

現代の経済活動は、まさに「欲」が暴走しています。

しかしながら密教の思想からすれば、その欲が菩提心に基づいたものであれば、言い換えれば、経済活動をはじめすべての活動が自利利他、自分のためだけではなく、その活動が社会に役立つ、他人に役立つという善巧方便のスタンスに立てば、地獄に落ちることはないと密教の経典は示しているのです。1パーセントに利益が集まる制度ではなく、自利利他の菩薩道を進みたいものです。

以上、簡単ですが、『般若心経』、『華厳経』、そして密教経典である『大日経』、『金剛頂経』、『理趣経』についてそのさわりを述べました。

（1）『理趣経』には、広本と言われている『理趣経』の内容を詳しく書かれた『理趣広経』があります。後期密教の中心経典である無上瑜伽タントラのほとんどの教理の内容が、この『理趣広経』には出ています。一方で、法賢による漢訳本には部分的に抜けているところがあります。ネパール仏教研究所所長の北村太道種智院大学名誉教授は、「後半の部分で、チベット訳では、更に二つに分けられた後半の部分に抜けている所が多くある。チベット語訳には『理趣広経』の全訳が残されており、その抜かれた部分が、後の無上瑜伽タントラ（後期密教の中心的経典）の主なる部分、即ち秘密成就法に関わる部分である」と述べられています。大乗仏教の思想である「生死即涅槃」（生き死にがそのまま仏の世界）、「煩悩即菩提」（煩悩がそのまま菩提心）を現実的に表現したもの。（2）平成24年11月20日　朝日新聞夕刊（3）十七清浄句とは、妙適、欲箭、触、愛縛、一切自在主、見、適悦、愛、慢、荘厳、意滋沢、光明、身楽、色、声、香、味で、人間の行為、感性のすべてが清浄にして菩薩位であることを示す。（4）大正蔵12巻　p.268　上・中　中村元『浄土経典』p.108~109

「感謝」とは

最後に宗教の核心である感謝についてのべます。

感謝は、他人に求めることではなく、自分自身で感じとるもの、気づくものです。

この感じとるという心の作用こそが、仏性であり、宇宙の、仏の法なのです。

言い換えれば、自分が生きているのではなく、生かされているという事実に気づくことです。

人間は千差万別、いろんな経験をします。

他人から羨やまれる経験をした人、自分で最低の人生だったと思い込んでいる人、様々です。しかしながら死ぬときは全員、裸です。

宝石も、社会的地位も、財産も、何もなしで、そして誰もついてきません。

裸で、一人で死ぬのです。

死ぬときに、自分の人生でどんなつらい経験をした人でも、生まれてきたことを感謝できれば、それは最高に素晴らしい人生だったのです。これが信仰の功徳です。

そしてこの感謝を支えているものが「許し」であり、「懺悔」なのです。

この「許し」「懺悔」こそ、宗教の核心の中の核心です。

どんな災害を受けても、どんな災難を受けても、どんなに時間をかけてでもそれを受容して許すことができれば、すべてを捨てきれるのです。

許すのは、相対する人や社会だけではなく、自分自身に対しても許すことができれば、肩の荷を下ろせることになるのです。

残念ながら許せない人はその方の最後まで、地獄がつづくのです。

アメリカの映画で「最高の人生の見つけ方」というのがありました。

家族や、会社や、社会からの重荷をはずしたとき、心が本当に豊かになるという話です。

空海は、「自らの心をよく知り、いつも四恩を知り、十善戒を守りなさい」と言っておられます。

その実践が、家族や親族、仲間内に対してだけではなく生きとし生きるものに対して、大楽思想に基づいた善巧方便で、福の神コースに基づいた四恩十善でありたいものです。

あとがき

先に触れましたように遠藤周作の『沈黙』は、江戸時代、島原の乱のあとの踏み絵の頃の長崎が描かれたもので、先に来ていた司祭が、「この国は考えていたより恐ろしい沼地だった。どんな苗もその沼地に植えられれば、根が腐り始める。葉が黄ばみて枯れていく」と。日本に根付いた仏教ですら日本流の仏教になり、キリスト教になり、儒教になっていき、「あれはあれ、これはこれ」の考え方になっているからかもしれません。

日本の戦後教育では、宗教について、信仰について教えていません。

第一次安倍内閣では、戦後の残されてきた課題の一つである「教育基本法」の改正に成功しました。これは素晴らしい成果です。本稿で取り上げましたように、教育は人材を育てる国家百年の礎となるものだからです。そのためにどの国のリーダーも教育を最も重視します。大統領でも、総理大臣でもその方針を述べるとき、教育に時間を割くのです。ところが日本の歴代総理大臣は殆ど取り上げません。そんな中で、安倍総理が教育に関心を持たれているのは素晴らしいことです。しかしながら、改正された「教育基本法」では、「宗教は教養として学べ」とあります。宗教は教養だけではなく、その宗教の持っている精神を実行してこそ意味があるものです。お年寄りを大事にする、妊婦に席を譲るを教養として知っていても実行しなければ意味がありません。

ぜひ、宗教の重要性をしっかり認識し、教育していただきたいものです。

私は受験勉強をしませんでした。本ばかり読んでいたのです。それでも幸い甲南大学に進学し、卒業生には成功している経済人やその子弟が多く、よい友人が沢山できました。特に成金ではない真の豊かさとは何かを学んだ気がします。

大学をでて清風学園に勤め、勉強嫌いはあかんなーと思い、受験クラスを持たされたこともあり、初めて徹底して受験勉強に取り組んだのです。入職当時の清風高校は、商業科、電気科が中心で、進学を目指す普通科はその次でした。卒業生のほぼ8割は就職していました。最初は四苦八苦していましたが、やっている内に受験は答えのある問題に強くなれば良いことに気づき、徹底して教科書（基礎）の勉強をやらせ、清風を受験校に変えることに成功したのです。勿論、これは一緒に熱心に取り組んでくれた先生方に恵まれたお蔭です。この経験から息子は二人とも東大に現役で合格させています。その後、大阪青年会議所の理事長に、大阪21世紀協会の企画委員に、大阪ロータリークラブ会長に、そして関西経済同友会の常任幹事に、船場経済倶楽部会長などをさせていただき、多くの経済人とも接することができました。大阪21世紀協会では、堺屋太一先生のご指導を頂き、経済の見方、歴史の見方を学ばせていただきました。また上田篤先生にも知己を得て、建築と歴史の関係を学んでいます。大阪青年会議所、大阪21世紀協会、関西経済同友会、大阪ロータリークラブ、船場経済倶楽部などの成功した経済人を通じて気づいたことが二つあります。

一つは成功しているオーナー型の経営者には信仰家が多いこと。そして社風を、人間関係を、現場を、体験、経験を重視していることです。

二つ目に、サラリーマン型の経済人や二世三世経営者の成功者は、宗教より数字を大事にしている人が多いと思ったことです。

この違いはスタート時に前者はお金がなかったこと、後者はトップに立った時すでにお金があったことです。

更に私にとって新しい経験は、僧籍にあった父の死にともない真言宗の寺院を継いだことです。ここで仏教を本格的に学ぼうと佛教大学の通信制の大学院にすすみ、7年かけ博士号を取得しました。博士論文は「密教経典の説く金剛薩埵の研究」です。特にこれを書く中で、空海と最澄の凄さに気づかされた次第です。

最澄は秀才です。空海はとんでもない天才で、しかも「行者」です。受験勉強はこの最澄型の秀才を見つけ出すシステムです。官庁に、大企業に多くいます。ところが、専門学校である清風明育社をやることになって目からうろこが落ちる経験をしています。専門学校は自分のやりたいことに没頭するシステムです。ここでは受験勉強と違い、学生が嬉々として毎日の学習に取り組んでいるのです。受験勉強の多くは膨大な暗記という嫌なことを通して、答えを無理やり詰め込ませるものですから、ある意味で専門学校の教育は、その対極をなす教育といえます。本稿の中で、空海が真言密教の宗教的根拠を示した『十住心論』の第九番目の「極無自性心（『華厳経』の説く心の有り様）」と、十番目の「秘密荘厳心（密教のあり方）」を取り上げました。その解釈は清風、清風南海での経験と、専門学校の清風明育社での経験、産業界の人たちの印象から感じ取ったものです。

先ほど清風高校を就職校から進学校に変えることに成功したと書きましたが、当然、熱心な先生に恵まれたお蔭ですが、この「熱心な先生」は教育改革の重要なキーワードです。国や地方自治体が子供たちの教育レベルを上げようといろいろ取り組んでいますが、あまり上手くいっているようには見えません。センターテストから、到達度テストへ、またある大きな自治体では学区制を大改編する、授業料の無償化をすすめるとかに取り組んでいますが、これらの取り組みも重要ですが、清風での経験からみて生徒や学生の学力レベルを上げるためには、システムを変えるより子供好きの熱心な先生をどう作るかにかかっているのです。いわんや先生のやる気を失わせる政策は最悪です。熱心な先生なくして、生徒や学生のレベルアップは不可能です。そのためにどうすれば熱心な先生が作れるかが最重要政策とならなければならないのです。これは先生の「けつ」をどやしつけるだけでは絶対だめだということです。国や自治体は膨大な債務、国債や地方債を抱えており、そんな中で、高校や大学の授業料無償化はまったく馬鹿げた政策です。実行するのであれば、北欧のように消費税を20％以上にすべきです。いわんや先生の給与をさげたり、自治体職員の給与削減はやる気をなくさせる最たる愚策です。人数を減らすのであれば、残った人の給与は逆に上げるべきです。ここらがやる気を引き出すコツです。

これからの社会を考えるとき、何よりやる気は重要なキーワードです。

それを支える一つが信仰心です。信仰は常に未来に希望を持たせるからです。

そして信仰とは信じきることに尽きます。公序良俗に反しない限りどんな宗教でもいいのです。できれば長く続いている宗教が望ましいです。それは長く続いている宗教は、その間に宗教間の淘汰が進み、生き残ってきたからです。自分が信じている宗教が、安心できるか、信頼できるか、尊敬できるかが重要な基準、スケールです。そうであればその宗教を心の中でしっかり信じ、これからの社会に役立っていただきたいものです。

この本を書こうと思ったのは、大阪府の知事選にでて、成就できなかったからです。私は、大阪を『府民から安心される、近隣諸県から信頼される、国内外から尊敬される大阪に』したかったから立候補したのです。そのために大阪は「財政上発展した、健康長寿の社会であり、世の中に貢献する自治体」にするつもりでした。この思いは今も変わりません。そこでその思いを書いてみようと色々調べ、四苦八苦して書き上げたのが、この本です。

仏教を指導していただいた北村太道先生をはじめ、諸先輩方、多くの友人にも見てもらい、多岐にわたる示唆をいただきました。心より感謝いたします。中でも、前読売新聞論説委員長の朝倉敏夫氏にはアメリカ文化や一神教文化について多くの指摘を頂きました。感謝したい。また、幻冬舎ルネッサンス新社の伊藤美月さんには最後までつき合っていただき、感謝しています。

書いている内に色々なことが起っています。北朝鮮問題、歴史問題、ヨーロッパへの大量難民の流入、英国のEU離脱、ダッカの日本人へのテロ、ヒラリーが敗れてトランプが米大統領になったことなどなどです。いまさらながら宗教の重要性を気づかされています。この本をきっかけに宗教について、信仰について考えていただき、これからの社会で読者の皆様が活躍されることを祈念いたします。

参考文献

平岡龍人『密教経軌の説く金剛薩埵の研究』永田文昌堂　２０１２年
日本聖書協会『聖書』新共同訳　１９８７年
責任編集松田伊作ほか『旧約聖書』岩波書店
『コーラン』井筒俊彦訳上・中・下　岩波文庫
編集責任者樋口美作ほか『日亜対訳・注解　聖クルアーン』日本ムスリム協会　１９８２年
密教関係の経典は『大正新修大蔵経』第八巻、第十三巻、第十八巻、第十九巻、第三十九巻。
『理趣経』、『理趣広経』、『大日経』、『金剛頂経』に関しては『密教経軌の説く金剛薩埵の研究』より引用した。
アルビン・トフラー『第三の波』鈴木健次ほか訳　日本放送出版協会　１９８０年
ネイスビッツ『メガトレンド』竹村健一訳　三笠書房　１９８３年
堺屋太一『知価革命』ＰＨＰ出版　１９８５年
フランシス・フクヤマ『歴史の終わり』渡部昇一訳　三笠書房　１９９２年
水野和夫『資本主義の終焉と歴史の危機』集英社新書　２０１４年
ジョセフ・Ｅ・スティグリッツ『世界の99%を貧困にする経済』徳間書店　２０１２年
堤未果『沈みゆく大国　アメリカ』集英社新書　２０１４年
浜田宏一『アメリカは日本経済の復活を知っている』講談社　２０１２年
デニス・メドウズなど『成長の限界』ダイヤモンド社　大来佐武郎監訳　１９７２年
『フーバー大統領回顧録（Freedom Betrayed: Herbert Hoover's Secret History of the Second World War and Its Aftermath (Hoover Institution Press Publication)』2011/11/17
藤井厳喜ほか『日米戦争を起こしたのは誰か（ルーズベルトの罪状・フーバー大統領回顧録を論ず）』勉誠出版　２０１６年
ハミルトン・フィッシュ『ルーズベルトの開戦責任』草思社　２０１４年

ハミルトン・フィッシュ『日米・開戦の悲劇　誰が第二次大戦を招いたのか』ＰＨＰ研究所　１９９２年
ヘンリー・Ｓ・ストークス『英国人記者が見た　連合国戦勝史観の虚妄』祥伝社　２０１３年
ヘンリー・Ｓ・ストークス『戦争犯罪国はアメリカだった！』ハート出版　２０１６年
ケント・ギルバート『まだＧＨＱの洗脳に縛られている日本人』ＰＨＰ研究所　２０１５年
青山繁晴『青山繁晴の逆転ガイド（その１）』ワニブックス　２０１５年
産経新聞取材班『国会議員に読ませたい敗戦秘話』産経新聞出版　２０１６年
マックス・フォン・シュラー『アメリカが隠しておきたい日本の歴史』ハート出版　２０１６年
中西輝政『日本人としてこれだけは知っておきたいこと』ＰＨＰ新書　２００６年
ラニー・エーベンシュタイン『最強の経済学者ミルトン・フリードマン』大野一訳　日経ＢＰ社　２００８年
ジョージ・ソロス『グローバル資本主義の危機』大原進訳　日本経済新聞社　１９９９年
レスター・サロー『ゼロ・サム社会』岸本重陳訳　阪急コミュニケーションズ　１９８１年
小室直樹『日本人のための宗教原論』徳間書店　２０００年
小室直樹『日本人のためのイスラム原論』集英社インターナショナル　２００２年
カーラ・パワー『コーランには本当は何が書かれていたか？』秋山淑子訳　文藝春秋社　２０１５年
ハミッドッ・ラー『イスラーム概説』黒田美代子訳　書肆心水　２００５年
真田芳憲『イスラーム　法と国家とムスリムの責任』中央大学出版部　１９９２年
井筒俊彦『コーランを読む』岩波現代文庫　２０１３年
高橋保行『ギリシャ正教』講談社学術文庫　１９８０年
宇佐美英樹編著『初代伊藤忠兵衛を追慕する』清文堂出版　２０１２年
岩波書店『ヨハネの黙示録』新約聖書翻訳委員会訳　１９９６年
本村凌二『はじめて読む人のローマ史１２００年』祥伝社新書　２０１４年
本村凌二『多神教と一神教』岩波新書　２００５年

本村凌二・中村るい『古代地中海世界の歴史』ちくま学芸文庫　２０１２年
ハインリッヒ・シュリーマン『シュリーマン旅行記　清国・日本』石井和子訳　講談社学術文庫　１９９８年
ニーチェ『反キリスト者』（『偶像の黄昏　反キリスト者（１８９５年）』ちくま学芸文庫　１９９４年
ニーチェ『アンチクリスト（キリスト教は邪教です！）』適菜収訳　講談社＋α新書　２０１２年
適菜収『ニーチェの警鐘』講談社＋α新書　２０１２年
適菜収『ゲーテの警告』講談社＋α新書　２０１１年
ジャック・ル・ゴッフ『中世の高利貸』渡辺香根夫訳　法政大学出版局　１９８９年
イアン・スティーヴンソン『虫の知らせの科学』笠原敏雄訳　叢文社　１９８１年
イアン・スティーヴンソン『前世を記憶する子どもたち』笠原敏雄訳　日本教文社局　１９８９年
ジム・B・タッカー『転生した子どもたち』日本教文社　２００６年
池川明『前世を記憶する日本の子どもたち』ソレイユ出版　２０１４年
エリコ・ロウ『死んだ後には続きがあるのか』扶桑社　２０１６年
樋口和彦『ユング心理学の世界』創元社　１９７８年
『JAPAN　CLASS』東邦出版　２０１４年
『国富論』第四編第二章　杉山忠平訳　岩波文庫
中村元『法華経』東京書籍「方便門第二」２００３年
中村元監修補註『ジャータカ全集』10巻　春秋社１９９１年
中村元『華厳経』・『般若経典』・『維摩経』・『勝鬘経』・『浄土経』東京書籍　２００３年
川口マーン恵美『住んでみたヨーロッパ　9勝1敗で日本の勝ち』講談社＋α新書　２０１４年
中村元『浄土三部経』上下　岩波文庫　１９６３・１９６４年
『ブッダのことば　スッタニパータ』中村元訳　岩波文庫　１９８４年
中村元『インド思想史』岩波全書　１９６８年

参考文献

『エコノミスト』２０１２年9月4日号
張明燈『密教秘伝　西遊記』東明社　１９９４年
張明燈・篠原曠安『密教秘伝「西遊記」と小周天』東明社　１９９９年
安田順惠『玄奘取経の交通路に関する地理学的研究』東方出版　２００６年
慧立ノ彦悰『玄奘三蔵』長沢和俊訳　講談社学術文庫　１９９８年
玄奘『大唐西域記１』水谷真成訳註　平凡社東洋文庫　１９９９年
玄奘『西域記　玄奘三蔵の旅』桑山正進抄訳　小学館　１９９５年
佐々木閑『「律」に学ぶ生き方の智慧』新潮選書　２０１１年
佐々木閑『仏教は宇宙をどう見たか』化学同人　２０１３年
『出家者とは何か』大蔵出版　１９９９年
鄭雄一『道徳のメカニズム』ベスト新書　２０１３年
河合敦『岩崎弥太郎と三菱四代』幻冬舎新書　２０１０年
渋澤健『渋沢栄一１００の金言』日本経済新聞出版社　２０１５年
『空海全集』第二巻「声字実相義」筑摩書房　１９８３年
『ブッダ悪魔との対話サンユッタ・ニカーヤⅡ』中村元訳　岩波文庫　１９８６年
正木晃『性と呪殺の密教』講談社選書　２００２年
正木晃『密教の可能性』大法輪閣　１９９７年
田中公明『性と死の密教』春秋社　１９９７年
西川一三『秘境西域八年の潜行（上）』中公文庫　１９９０年
『ブッダ最後の旅（大パリニッバーナ経）』中村元訳　岩波文庫　１９８０年
『阿含経典１・２・３』増谷文雄訳　ちくま学芸文庫　２０１２年
『秘蔵法鑰』『空海全集第二巻』筑摩書房　１９８３年

高森顕徹『歎異抄をひらく』第1条　一万年堂出版　2008年
『ミリンダ王の問い2』中村元ほか訳　東洋文庫15　1964年
国書刊行会『華厳経』上　昭和9年
島田裕巳『浄土真宗はなぜ日本でいちばん多いのか　仏教宗派の謎』幻冬舎新書　2012年
木村清孝『さとりへの道　華厳経に学ぶ』NHK出版　2014年
木村清孝『華厳経入門』角川ソフィア文庫　2014年
鎌田茂雄『華厳経物語』大法輪閣　2004年
『弘法大師　空海全集』第一巻、第二巻　1983年
ニューズウイーク2月23日号
松長有慶『空海　般若心経の秘密を読み解く（増補版）』春秋社　2013年
田上太秀『「涅槃経」を読む』講談社学術文庫　2004年
藤田光寛『はじめての「密教の戒律」入門』セルバ出版2013年
ブレジンスキー『ひよわな花・日本』大朏人一訳　1972年
猪瀬直樹『ジミーの誕生日』文藝春秋社　2009年
加藤康男『昭和天皇　七つの謎』ワック　2015年
立川武蔵『弥勒の来た道』NHKブックス　2015年
岡田明憲『ゾロアスター教』平河出版　1982年
岡田明憲『ゾロアスター教の悪魔払い』平河出版　1984年
岡田明憲『ゾロアスターの神秘思想』講談社現代新書　1988年
青木健『ゾロアスター教』講談社選書メチエ　2008年
青木健『ゾロアスター教の興亡』刀水書房　2007年
『マニ教』大貫隆・中野千恵美訳　白水社　2002年

山本由美子『マニ教とゾロスター教』山川出版社　1998年
松本清張『火の路』上下　文春文庫　2009年
S・B・ダスグプタ『タントラ仏教入門』宮坂宥勝・桑村正純訳　人文書院　1981年
掘田善衛『インドで考えたこと』岩波新書　1957年
原田信男『コメを選んだ日本の歴史』文春新書　2006年
上田篤『一万年の天皇』文春新書　2006年
B・オーバーマイヤー／F・オーバーマイヤー『パナマ文書』KADOKAWA　2016年
ロジャー・ペンローズ『心の影』みすず書房　2001年
ロジャー・ペンローズ『心は量子で語れるか』講談社ブルーバックス　1999年
岸根卓郎『量子論から解き明かす「心の世界」と「あの世」』PHP研究所　2014年
和田純夫監修『よくわかる決定版　量子論』ニュートン別冊　ニュートンプレス　2014年
浅野孝雄『心の発見』産業図書　2014年
丸井浩『「ブッダ最後の旅」に学ぶ』NHK出版　2016年
竹村牧男『日本仏教のあゆみ』NHK出版　2015年
伊勢雅臣『世界が称賛する日本の経営』扶桑社　2017年
黄文雄『世界はなぜ最後には中国・韓国に呆れ日本に憧れるのか』徳間書店　2016年

TRANSLATION BY THICH NHAT HANH

The Insight that Brings Us to the Other Shore

Avalokiteshvara
while practicing deeply with
the Insight that Brings Us to the Other Shore,
suddenly discovered that
all of the five Skandhas are equally empty,
and with this realisation
he overcame all Ill-being.

"Listen Sariputra,
this Body itself is Emptiness
and Emptiness itself is this Body.
This Body is not other than Emptiness
and Emptiness is not other than this Body.
The same is true of Feelings,
Perceptions, Mental Formations,
and Consciousness.

"Listen Sariputra,
all phenomena bear the mark of Emptiness;
their true nature is the nature of
no Birth no Death,
no Being no Non-being,
no Defilement no Purity,
no Increasing no Decreasing.

"That is why in Emptiness,
Body, Feelings, Perceptions,
Mental Formations and Consciousness
are not separate self entities.

The Eighteen Realms of Phenomena
which are the six Sense Organs,
the six Sense Objects,
and the six Consciousnesses
are also not separate self entities.

The Twelve Links of Interdependent Arising
and their Extinction
are also not separate self entities.

Ill-being, the Causes of Ill-being,
the End of Ill-being, the Path,
insight and attainment,
are also not separate self entities.

Whoever can see this
no longer needs anything to attain.

Bodhisattvas who practice
the Insight that Brings Us to the Other Shore
see no more obstacles in their mind,
and because there
are no more obstacles in their mind,
they can overcome all fear,
destroy all wrong perceptions
and realize Perfect Nirvana.

"All Buddhas in the past, present and future
by practicing
the Insight that Brings Us to the Other Shore
are all capable of attaining
Authentic and Perfect Enlightenment.

"Therefore Sariputra,
it should be known that
the Insight that Brings Us to the Other Shore
is a Great Mantra,
the most illuminating mantra,
the highest mantra,
a mantra beyond compare,
the True Wisdom that has the power
to put an end to all kinds of suffering.
Therefore let us proclaim
a mantra to praise
the Insight that Brings Us to the Other Shore:

Gate, Gate, Paragate, Parasamgate, Bodhi Svaha!
Gate, Gate, Paragate, Parasamgate, Bodhi Svaha!
Gate, Gate, Paragate, Parasamgate, Bodhi Svaha!"

写経「般若心経」英語版

仏教言葉

仏教言葉	説明ページ	説明文
縁起	p.192	他との関係が縁となって生起すること。同様にその関係が壊れ消滅すること。
求聞持法	p.6 p.153	虚空蔵菩薩の真言を一日1万遍100日間、100万遍唱える能力開発の方法。
四恩十善	p.9 p.51 p.218	父母の恩。衆生の恩。国王の恩。三宝（仏・法・僧）の恩。 殺生・偸盗・邪淫・妄語・両舌・悪口・綺語・貪欲・瞋恚・邪見の禁止。
六趣	p.84 p.225	生まれ変わりの世界。天・人・修羅・畜生・餓鬼・地獄。六道ともいう。
融通無碍	p.31 p.110	こだわりがなく自由である。
教判	p.161 p.162 p.177	教相判釋の略。諸宗派の位置づけの仕方。
三昧耶	p.222 p.240 p.266	一切の衆生を救い尽くす仏の誓。如来が説法する時をいう。
後期密教	p.134 p.210	インド、ネパール、チベットで発展した最終の密教。
経・律・論	p.147	経は経典。律は規則。論は解説書。
加持	p.192 p.236 p.267	仏が加えられた通力。仏さまの加護。神秘的な呪術力。
三摩地	p.254 p.274	三昧と同義語。心を集中し妄念を離れた状態。正定。
三昧耶形	p.148 p.242 p.273	諸尊の印契と持ち物の総称。
三昧	p.254 p.266	三摩地と同義語。心を集中し妄念を離れた状態。正定。
衆生済度	p.147 p.149 p.150	衆生、有情を救済し（此岸）から悟りに世界（彼岸）に導くこと。
無尽荘厳	p.258	尽きることのない飾り。最高の表現。
毘盧遮那仏	p.180	インドで太陽のこと。天台宗では法身にあてる。密教では大日如来。
盧舎那仏	p.180 p.237	毘盧遮那仏の略。華厳教の本尊。
蓮華蔵世界	p.180	毘盧遮那仏のおられる精神世界。盧舎那仏の浄土。

灌頂　p.214 p.215 p.245　インドを囲む四海の水を頭に灑ぐこと。密教では仏の位に就く最重要儀式。
般若　p.197 p.199 p.214　我々の浅はかな知恵ではなく、仏さまの智慧。悟りを得る真実の智慧。
理趣　p.261　真実のことわり。真理のおもむき。道理。
金剛杵　p.242 p.247 p.265 p.273　古代インドの武器。仏智の堅固さと煩悩の砕波を象徴する諸尊の持物。
金剛鈴　p.247 p.273　諸尊を目覚めさせ歓喜させる楽器。般若智を象徴する法具。
三鈷杵　p.258　古代インドの武器。堅固ですべてを打ち砕く。
信楽　p.277　信じ願うこと。

〈著者紹介〉

平岡龍人（ひらおか たつと）

S15年10月28日大阪生
学歴
S39　甲南大学法学部卒
H20　佛教大学大学院仏教学専攻卒、文学博士
職歴
S39より（学）清風学園教諭、副校長、専務理事
H13より（学）清風明育社、清風情報工科学院理事長・学院長
役員
高野山真言宗　大御堂山光平寺　住職
（財）大阪ユースホステル協会　会長
（公社）全日本高等学校ギター・マンドリン音楽振興会　会長
大阪赤十字病院外部評価委員会　委員
（財）大阪脳神経外科病院　評議員
（株）田淵電機　独立評価委員会　委員
（一財）伊藤忠兵衛基金　理事
（特NPO）南大阪地域大学コンソーシアム　理事
（特NPO）SKC企業振興連盟協議会　船場経済倶楽部　会長
S55　大阪青年会議所の理事長として世界会議を主管
H14　関西経済同友会　常任理事
H16　大阪ロータリークラブ会長
H20　大阪青年会議所セネター会会長
著書
H2　『日本化の時代』世界をリードする日本の感性【教育社】
H8　『徳・健・財』三福思考のすすめ【河出書房新書】
H17　『神なき国ニッポン』【新潮社】（上田篤氏と共著）
H23　密教経軌の説く『金剛薩埵の研究』【永田文昌堂】
H24　『私にもわかった真言密教』【永田文昌堂】

編集協力　　田中 匡
デザイナー　荒木香樹

空海《くうかい》に学《まな》ぶマインドセット

2018年2月3日　第1刷発行

著　者　平岡龍人
発行人　久保田貴幸

発行元　株式会社 幻冬舎メディアコンサルティング
〒151-0051　東京都渋谷区千駄ヶ谷4-9-7
電話　03-5411-6440（編集）

発売元　株式会社 幻冬舎
〒151-0051　東京都渋谷区千駄ヶ谷4-9-7
電話　03-5411-6222（営業）

印刷・製本　シナジーコミュニケーションズ株式会社

検印廃止

ISBN 978-4-344-91580-0 C0030
幻冬舎メディアコンサルティングHP
http://www.gentosha-mc.com/